腰部 IP——

抓住小而美的 IP 红利

文艺 IT 虎 著

北京工业大学出版社

图书在版编目（CIP）数据

腰部 IP：抓住小而美的 IP 红利 / 文艺 IT 虎 著 .—
北京：北京工业大学出版社，2023.5
ISBN 978-7-5639-8589-0

Ⅰ . ①腰… Ⅱ . ①文… Ⅲ . ①网络营销 Ⅳ .
① F713.365.2

中国国家版本馆 CIP 数据核字（2023）第 036553 号

腰部 IP——抓住小而美的 IP 红利

YAOBU IP——ZHUAZHU XIAOERMEI DE IP HONGLI

著　　者： 文艺 IT 虎
责任编辑： 姚莉莎
封面设计： 红杉林文华
出版发行： 北京工业大学出版社
（北京市朝阳区平乐园 100 号　邮编：100124）
010-67391722（传真）bgdcbs@sina.com
经销单位： 全国各地新华书店
承印单位： 三河市元兴印务有限公司
开　　本： 710 毫米 ×1000 毫米　1/16
印　　张： 17
字　　数： 230 千字
版　　次： 2023 年 5 月第 1 版
印　　次： 2023 年 5 月第 1 次印刷
标准书号： ISBN 978-7-5639-8589-0
定　　价： 69.00 元

序

许多有真才实学的“手艺人”，许多深耕某个行业多年的专注、专业的公司，还没有被这个时代看见。

在如今这样一个流量为王的时代，许多善于自我包装、深谙娱乐精神的个人和企业，在各大新媒体平台收割流量，获得大众关注。

相反，许多真正的高手、专家，许多专业的公司，却没有发出自己的声音，他们的好产品、好服务，并没有被需要的人看见。

他们，更需要被看见，也更该被看见。

如何让这些“隐形冠军”被看见？

虎哥的这本《腰部IP——抓住小而美的IP红利》给我们提供了参考答案。

任何在垂直细分领域深耕了多年的个人和企业，都有可能成为其所在领域的腰部IP。一个腰部IP，不需要太多人关注。

与动辄百万粉丝的头部IP相比，关注腰部IP的人可能只有几千、几百个，但腰部IP的用户更加精准，他们与粉丝关系也更“铁”。腰部IP知道，1000个吃瓜群众不如1个铁杆用户。很多时候，我们需要的并没有那么多。

一个腰部 IP，不需要过度娱乐化。

与其靠娱乐获得关注，不如靠专业赢得尊重。腰部 IP 不会拒绝娱乐，但更多时候，他会通过持续的精准内容输出，展示自己的专业，获得精准用户的信任和认可。

一个腰部 IP，就是一个被看见的机会。

不是被无关紧要的人看见，而是被精准用户看见；不是被一次看见，而是通过持续的内容输出，被持续地看见。

在互联网流量红利逐渐流失的今天，在快手、抖音等 App 上成为百万粉丝的头部 IP 的概率连 1/1000 都不到，但是成为各个细分领域的腰部 IP，却是大概率事件。

当“共同富裕”被列入主要目标任务，来自腰部的力量，将成为社会发展的中流砥柱。

个别头部 IP 和网红的暴富，不代表“共同富裕”，成为腰部 IP，才是大势所趋。千千万万个腰部 IP，将会在各个细分行业、垂直领域如雨后春笋般涌现出来。

“喜看稻菽千重浪，遍地英雄下夕烟。”

未来 10 年，我们将迎来百舸争流、千帆竞发的腰部 IP “大航海时代”。

成为腰部 IP，是个人和企业的需要，也是时代赋予我们的红利。

通过《腰部 IP——抓住小而美的 IP 红利》这本书：

愿每一位有真才实学的“手艺人”，都能站在舞台中央；

愿每一家深耕某个行业多年的专注、专业的公司，都能发出自己的声音；

愿每一个“隐形冠军”，都能被看见。

在此，推荐你翻开虎哥的《腰部 IP——抓住小而美的 IP 红利》，祝你早日成为所在领域的腰部 IP！

优客工场创始人

毛大庆博士

2023 年春

前　言

腰部 IP，以小博大的武器

当时代的狂风滚滚而来时，小草比大树更能存活下来。

腰部 IP，是小人物、小公司“熨平”大时代剧烈动荡的有力武器。

当你谈及 IP 时，你会想到什么？

淘宝直播女王一个晚上带货几个亿的辉煌战绩；

快手带货一哥因售卖假燕窝而身败名裂的热点事件；

靠抖音直播上演“真还传”还清 6 个亿负债的某知名大 V；

各种靠跳舞收获“榜一大哥”的网红小姐姐……

当我谈及 IP 时，我会想到一位差点被世界遗忘的农场主——一位四川省广元市青川县的茶农。

她今年 48 岁，高中学历，在四川、甘肃、陕西三省交界处的一个小镇上，开了一个小超市。小超市里卖的主要商品是她在山上茶园里种植的一种绿茶，其他的商品还包括羊肚菌、天麻等地方特产。由于紧邻陕西省的青木川古镇，前些年，大量古镇游客会过来买她小超市里的特产，生意很兴隆。

2020 年，受疫情影响，游客量下滑。她的超市没到半年就关门了。就在这个时候，当地政府组织茶农去杭州学习抖音直播、淘宝开店，还给他们举办各种线上开店的培训班，教他们如何用微信卖货、收钱。

“开店太复杂，我学不会。”她说，“做直播的话，我嘴笨，不知道说啥。”

但是，半年后，她开始在微信上有了自己的用户群，并在朋友圈晒自己茶园的照片，用群接龙的方式让以前的游客拼团买茶叶，同时也学会了把自己的电话号码直接放到微信头像下面。某个下午，我们再次在微信上相遇，她发语音自豪地告诉我：

“我刚刚给北京的一个客户发了 1 斤 600 元的绿茶。”

她的语气里带着对未来的憧憬和希望。

曾经，她差点被世界遗忘；现在，她重新找回了的希望。

对于一位 48 岁的大姐而言，对于一个四川偏远山区的茶农而言，在微信里成为一个种植茶叶的 IP，是对抗大时代动荡的有力武器。

上面的 IP 故事，经常发生在我周围：

一个直播自己如何手工做皮带的皮匠，一对做线上英语启蒙教育的夫妻，一间三五个人的小餐馆通过微信群使生意火爆，一家十几个人的小公司人人都是带货主播……

当我谈及 IP 的时候，我的脑海里会自然而然地就会浮现出这些鲜活的画面，这些伸手可以触及的小人物、小公司。他们虽然有不同的手艺，在不同的城市，但是有一个共同的名字——腰部 IP。

由此，你明白了我说的 IP 是指：

一个在垂直领域有影响力的“手艺人”。

这正是腰部 IP 的含义。需要说明的是，这里的“手艺”不仅仅是传统的手工技艺，任何一项能为用户提供价值的技能，都是一门“手艺”。而这里的“手艺人”，既可以是一个人，也可以是一家公司。

这本书里所说的 IP，不是影视和动漫作品里的虚拟 IP，不是网红小姐姐，不是拥有几百万、几千万粉丝的头部 IP，也不是那些大公司、大平台，而是靠一技之长吃饭、在某个垂直领域有影响力的个体和公司，他们都是“手艺人”。

是的，这本书是写给这些“手艺人”的，这本书的最大的价值是：

用 IP，让“手艺人”被世界看见。

很多“手艺人”，都在赤手空拳地与命运搏斗。

这些“手艺人”，是茶农，是律师，是某个领域的专家，是一间工作室或一家小公司。因为一次裁员，他们就可能会失业；因此一个政策，他们就不得不暂停营业；因为一轮行业洗牌，他们就可能会破产。

在剧烈动荡的大时代里，他们都是赤手空拳地在对抗不确定。

而一旦成为腰部 IP，他们就有了流量，就能与世界连接，就拥有了时代红利的加持，就拥有了一件有力的武器，而不再是赤手空拳地与无常和动荡搏斗。

比如，某公司负责招聘的李小姐，业余时间会在抖音上帮应聘者准备面试；街边卖咸水鸭的小店，疫情期间，60% 的客户是微信朋友圈里的外地人；村里的“苹果大王”老林，由于上了岁数种不了地，在快手上，通过卖种苹果的课程赚钱……

太多这样的故事正在我们身边发生。一个手艺人，不管是个人还是公司，都不该赤手空拳地与无常命运搏斗，都需要一件对抗不确定的武器，而这件武器就是腰部 IP。

“手艺人”，更该成为腰部 IP

任何一个有一技之长的手艺人，不管他是个人还是公司，在这万物互联的时代，都有成为腰部 IP 的可能。

在各种互联网工具的加持下，他们通过持续精准的内容输出，会源源不断地获得精准粉丝，拥有自己的垂直社群，并成为这个垂直社群的意见领袖——腰部 IP。

比起那些巧舌如簧、口吐莲花的网红、主播，这些在自己所属行业深耕多年的个人和公司，这些货真价实的手艺人，更该被看见，更该成为腰部 IP。

“已识乾坤大，犹怜草木青。”国学大师马一浮如是说。

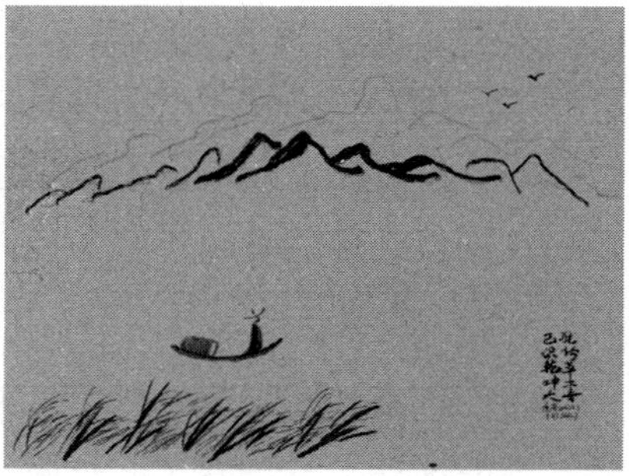

我们敬畏大树和鸿鹄，但是当无常的风暴来临时，能躲过一劫的，往往是大树下面的小草。

腰部 IP，有一种自我克制的生存方式，更有一种小而美的生存哲学。

其实，你我需要的并没有那么多，服务好一个社群，做好一件产品，在某个垂直细分领域做到天下第一，足矣。

“手艺人”，更能成为腰部 IP

我们要讨论的，不是如何成为拥有百万以上粉丝的头部 IP。对于绝大多数的人来讲，那太过遥远，也与时代洪流背道而驰。

我们讨论的是，一个垂直领域的“手艺人”，如何成为拥有几万、哪怕几千精准粉丝的腰部 IP。

这是很多小人物、小公司“跳一跳”就可以够得着的目标。

如今，几乎所有的红利，都在向腰部 IP 倾斜。

互联网的流量红利已经日渐分化，不管是个人还是公司，成为头部 IP 越来越难；抖音、快手、淘宝等 App（应用程序）对头部 IP 的限流与日俱增；相关部门对头部 IP 和艺人的监管也越发严格。

与此同时，“共同富裕”成为从中央到地方各种政策文件的共同指向，各大 App 对细分赛道腰部 IP 的扶持有目共睹，AI（人工智能）、VR（虚拟现实）等腰部 IP 的赋能工具日新月异，成千上万来自各个行业的腰部 IP 正不断涌现。

腰部 IP，以小博大的武器

过去，当时代变革时，靠手艺吃饭的小人物、小公司，总是第一批倒下。

如今，世界已经大不同，再次面对不确定的世界，小人物、小公司该如何应对动荡呢？

答案是：腰部 IP。

在我看来，此时此刻，在各个行业，在城市、农村、工厂、医院、学校……成千上万个腰部 IP，正如雨后春笋般冲破泥土里最后一道屏障，冒出头来。

正如我服务过的几千个名不见经传的小公司、小人物，这些手艺人正在被身边人的成功唤醒，在各种前沿技术的加持下，进入抖音、微信、小红书、淘宝、快手。

他们，正在开始自己的第一次 IP 定位，录制第一条 IP 宣言短视频，制作第一张 IP 海报……从行业高手，一步一个脚印，正在成为所在领域的腰部 IP。

从他们身上，我领略到了一种小而美的生存方式；

从他们身上，我感受到一种由小变强的无法阻挡的力量；

从他们身上，我看到了无数个小人物、小公司，在大时代找到自己精准生态位，“熨平”时代波动和无常命运的过程。

腰部 IP，是这个伟大时代赐予我们的以小博大的武器。

最后我想说：“不要拒绝时代的赐予。不管个人还是公司，只要有一技之长，都有可能成为腰部 IP。”

祝开卷有益。

文艺 IT 虎

2023 年 2 月 10 日于北京

目 录

第一章

IP红利——所有红利，都在向腰部IP倾斜

第一节
IP，是你最深的护城河

大厂裁员、店铺关门、公司倒闭、社区封控……

在这剧烈动荡的时代，在这充满不确定的特殊时期，如何才能不再焦虑，拥有一份内心的安稳，获得一种持久的安全感呢？

不管是打工人，还是老板，我想，都需要一条护城河。

这条护城河不是你存在银行里的美元、不是上市公司的股票、不是你的房产，不是地里的庄稼和果树，也不是公司里的某一款卖断货的产品，甚至不是你经营的这家公司，而应该是其他什么东西。

你的这条能给你提供安全感的护城河，是一种能够对抗风险，为你提供腾挪空间，用内部稳定缓冲外部动荡的东西。

Part1 昨天，四个创业者，归隐山林

昨天，我送别四位创业近10年的兄弟。

进入2022年，反复的疫情，成了压垮骆驼的最后一根稻草。四个不同行业的兄弟，在今年先后关掉持续亏损的四家公司，准备下周离开曾让自己热血沸腾的城市，告别自己的创业过往，前往西安南边的一座深山，

去过“隐居”的生活。

作为一个自 2011 年开始创业的创业者，在这条路上，我已经不知不觉走了 11 年了。路上的行人越来越少，以前红极一时的公司清算关门，曾经亿万身家的老板如今四处躲债。豪情万丈的兄弟或出走，或沉沦，还有人因为绝望和不堪重负，从 27 层的高楼纵身一跃。也有人，因为突如其来的疫情，支撑不下去，最后像这四位创业者一样归隐山林。

夜深人静，员工离开公司后，面对空旷的办公室，面对办公室里落寞无语的桌椅、电脑。那些曾经熟悉的，昨天还和我一起喝酒的创业者的面孔，就会一张张浮现在我眼前。

创业 11 年，难言爱恨。

为什么那些融资几千万，甚至几个亿的资金比我雄厚的兄弟，都没挺到今天？为什么那些头脑比我聪明、身体比我强壮的创业者会在第一个回合就放弃比赛？为什么那些比我勤奋、比我专注的人会过早地关掉公司？为什么那些产品和服务，明明很受市场欢迎和用户喜欢的公司，却早已被人遗忘？

Part 2 IP，是你最深的护城河

思前想后，我想，可能是因为我在十几年前就懂得一句话，并且身体力行，用这句话，慢慢为自己构建了一条护城河。这句话就是：

IP，是你最深的护城河。

我相信，认可这句话的，还有这些人或公司：

在 2021 年将读书卡一年卖出 10 个亿的樊登；

用不到 3 年，上演“真还传”，靠直播带货还清 6 个亿外债的罗永浩；

在疫情期间逆势增长，扩张 70 多家店，把门店从长沙开到北京，一年卖出 100 万份辣椒炒肉的费大厨小炒肉；

把一门 199 元的经济学付费电子课，在得到 App 上卖出接近 60 万

份，也就是1亿多元的薛兆丰。

……

上面的名单，还包括抖音、快手、淘宝、头条、微信上靠自己的IP流量，维持一家公司经营，支撑一家人生活的成千上万个你不知道的IP。

这些在不同平台活跃着的IP，用自己的故事，向我们传递了一个极其强烈的信号：在剧烈动荡的时代，在缺乏安全感的今天，IP是我们最深的，也是最能给我们带来安全感的护城河。

Part 3 人，是交易的入口

为什么一款好产品不能给人带来安全感？

为什么一家世界500强企业不再给人带来安全感？

为什么蒸蒸日上的公司不再给人带来安全感？

为什么手里的房产、基金、股票不再给人带来安全感了呢？

因为这些在未来3年、5年、10年，随着社会的剧烈动荡，随着技术的更新迭代，都会发生改变。很多人没想到阿里、腾讯、抖音这些互联网大厂，会在2022年大幅裁员。几年前还备受青睐的奔驰、宝马、丰田燃油车，正在被比亚迪、特斯拉等公司的电动车取代。

想要在未来获得某种笃定感，我们就不能一味地追逐变化。

相反，笃定感来自变化中的不变，我们要寻找某种穿越周期的坚实稳定的地基。而这个地基，就是我在2019年《流量革命——IP社群电商》这本书里提到的一个非常重要的问题，以及这个问题的答案：

未来10年，不变的是什么？

答案是：人，是交易的入口。

“人，是交易的入口。”是指在任何行业、任何平台、任何城市或者乡村，一个靠谱且专业的人——IP，会在技术的加持下，通过持续内容输出，获得影响力——流量，拥有一个独特社群，成为社群领袖，成为交易的入口。

四年时间过去了，在《流量革命——IP 社群电商》这本书的影响下，许多读者和我依然无比坚定地相信这句话。同样，可以预见的是，不管下一个十年，AI 会如何改变我们的生活，VR 头盔是否会取代手机，WEB 3.0 和元宇宙是否会真的到来，埃隆·马斯克是否真的会将人类送到火星上，只要有人的地方，我们都应该相信“人，是交易的入口”。

而一旦你相信这句话，你就应该笃定，未来 10 年，甚至更久远，IP，是你最深的护城河。

因为，“人，是交易入口”这句话里的人，不是指别人，而是指一个靠谱专业的 IP。我们完全可以说：

未来 10 年，IP 是交易的入口。这句话将不会发生任何改变。

Part 4 IP 即流量，流量即生意

有了 IP，有了流量，你可以选择线下开店，也可以选择线上卖货；你可以选择朝九晚五地营业，也可以选择 24 小时不打烊。有了 IP，就有了腾挪的空间。

家住安徽芜湖的周老师，新冠疫情之前是做线下 1~6 岁孩子启蒙教育的，新冠疫情来了，线下没法继续开班。他就选择在线上打造自己的 IP，买他线上课程的，除了芜湖当地的家长，还有来自上海、北京、杭州的家长；听到课程的，有下班后的家长，有上班路上的家长，还有正在做饭的家长。

在南京林业大学附近卖咸水鸭的张鸭子，之前都是在学生中午、下午放学的时候，卖出几十只咸水鸭。新冠疫情期间关了门店，在朋友圈里打造自己张鸭子的 IP，我看他现在一整天都在晒单，从早到晚都在打包鸭子、发货、给客户发快递单号，忙得不亦乐乎。

每当看到这些生动而具体的，虎帮曾经帮助过的 IP，我都强烈地感觉

到一种势不可当的洪流正向我们滚滚而来：

成千上万个各行各业的像周老师、张鸭子一样的 IP，正在各 App 上、在各大平台上，如雨后春笋般快速成长。

虽然身处不同的城市，从事不同的行业不同的工作，但是，每个 IP 都在做一件事——用 IP 构建对抗生活的护城河，用 IP 构建一道对抗动荡时代和不确定未来的护城河。他们脸上洋溢的笑容，在向世人宣布着一个经过自己检验的坚定的信念：

IP，是你最深的护城河。

“虎”动时刻

为什么不是产品、公司，或者其他，而非要是 IP，是你最深的护城河呢？谈谈你的理解。

扫码，听听虎哥怎么说。

第二节
如何将做 IP 的胜算提升 10 倍

李小姐是我见过的“90 后”女生中最勤奋的一位，没有之一。

她坚持每天在视频号上直播 6 个小时，早上 3 个小时，晚上 3 个小时。从 2022 年 1 月 1 日开始，一直到 11 月 11 日，一天都没有间断过。

从某天起，我再也没见过她做过一场直播，而她的视频号也放弃了更新。

后来，我才知道，她想成为老罗、李子柒那样拥有千万粉丝的头部 IP。而在坚持日更视频累计达 300 多条，进行了 600 多场直播后，“双十一”当晚，她直播间里的在线人数才不到 300 人，当晚 8 个小时的变现金额，喊破嗓子还不到 10000 元。

这与她的期待相距甚远，现实击碎了她的梦想，她彻底放弃了。

放弃，不是因为不努力，而是用了 10 倍努力后的绝望。

在打造 IP 这件事上，看完这篇文章的你，我想会避免这种悲剧。

Part 1　为什么 99% 的人都放弃了

无独有偶，2020 年 5 月，在微信视频号刚刚上线不久的时候，我微信朋友圈有 100 多个人选择了“掘金”视频号，在视频号里打造自己的 IP。2020 年 9 月，这 100 多人共同在苏州参加了一个视频号峰会，并且建立了一个群，大家都奔着拥有百万，甚至千万粉丝的头部 IP 而去，在微信群里交流用视频号打造 IP 的经验。可是到了 2021 年 5 月，那个 100 多人的群里，还在做日更、直播的人，仅剩下 10 个人左右。而到了 2022 年 5 月，除了我自己，已经没有人在里面分享自己的短视频，或者直播链接了。

在做 IP 这件事上，为什么 99% 的人都会选择放弃？

我觉得很可能是因为：不能成为头部 IP 的绝望。

成为头部 IP 的期待与努力后的结果形成了巨大反差，这种反差，在绝望和希望之间，形成了一道令人绝望的、无法逾越的鸿沟。换言之：

不能成为头部 IP 的绝望会让 99% 的人放弃。

比如，李小姐的目标是她的视频号粉丝达到 1000 万，可是经过 11 个月的努力，她的粉丝只有 10000，这是 1000 倍的落差；再比如，李小姐一场直播的变现目标是 100 万，“双十一”晚上 8 个小时的直播才卖了不到 10000 元的货，这又是 100 多倍的差距。

Part 2 你成为头部 IP 的概率连 1/1000 都不到

这是真的，如果你稍微关注一下各个平台的官方数据，就会发现一个不争的事实：抖音、快手、视频号、小红书上有几千万，甚至几个亿的 IP 账号，但是我们能看到的粉丝千万量级的头部 IP，也就那么几个、几十个。

现实就是如此残酷。

这就好比要爬山，一口气爬到 8848.88 米的珠穆朗玛峰峰顶，1000 个人里可能只会有 1 个专业登山运动员能登顶；但是，如果让大家爬到 4000 多米的半山腰的珠峰大本营，1000 个人里可能有十几个，甚至几十个人都能到达。

成为头部 IP 的限制，不仅仅来自个体能量的有限，还来自平台流量红利的丧失，还来自各大平台和其头部 IP 关系的微妙转化。

首先，进入 2022 年后，原本炙手可热的抖音、快手、视频号等短视频平台，流量洼地已经消失。平头老百姓如果想成为百万、千万粉丝的头部 IP，99% 的人需要给平台交“过路费”买流量。成为头部 IP 的可能几乎为零。同时，平台意识到头部 IP 会对自身构成巨大威胁，会将流量导出，于是不再给“家里的”头部 IP 导流，甚至反其道行之，进行限流和打压。

与此同时，“十四五”规划中将“共同富裕”列入主要目标任务，这在 2021 年后深刻地影响着娱乐、电商、微商领域的头部 IP 的形成，同时也推动了腰部 IP 的蓬勃发展。想要“共同富裕”就不能只有“头部”少数人富裕，而要实现“腰部”大部分人富裕。

因此，进入 2022 年后，打造头部 IP 的成功概率越来越低，很多梦想成为头部 IP 的人，已经放弃了短视频日更，不再像之前那样每天直播 3 小时了。

Part 3　如何将做 IP 的胜算提升 10 倍

其实，如果你能做到一点，那么，打造 IP 的胜算便会提升 10 倍，甚至 100 倍，即从原先 1/1000、1/10000 的概率，提升到 1/100 甚至 1/10。

这件事就是：成为腰部 IP，而不是头部 IP。

什么是腰部 IP 呢？

腰部 IP 就是一个垂直领域有影响力的“手艺人”。

腰部 IP 首先一定得有“手艺”，这个“手艺”能实实在在地服务别人，为社会带来价值。“手艺人”里面的“人”，可以是具体的人，也可以是一家公司，一个机构，一个主体“法人”。

腰部IP的影响力来自三个方面：一是人设靠谱，能给人确定感、安全感；二是专业过硬，提供的产品、服务性价比高；三是有调性，能输出情绪价值。

与动辄几百万，甚至几千万粉丝的头部IP相比，由于腰部IP的赛道重视垂直细分，因此大部分腰部IP的粉丝只有十几万、几万，甚至几千、几百个。于是，很多做腰部IP的人会产生一个误解或担忧：

粉丝少，没法活下去。

真的是这样吗？

其实，很多时候，我们需要的并没有那么多。

小红书上一个用高端职业女装变现的美女，需要的客户，可能就是几千个商界精英女性；抖音上做短视频卖别墅的房姐，可能只需要几百个大老板成为粉丝就可以了；教人如何申报名校的耶鲁大学学姐，犯不着去快手、抖音折腾，也许仅仅做好视频号就够了；长白山下卖木耳、土鸡蛋的大柱子，在快手上把自己的老铁们招呼好就行了，没必要再去小红书上“种草”。

成为腰部IP，意味着成为一个垂直IP。

或者垂直于某一个平台，深耕抖音、快手、小红书或者微信；或者垂直于某一类客户，如生活在四五线城市的宝妈、办公室里的白领；或者垂直于某一个社区，比如深圳的跑步爱好者，甚至周边几个小区里的爱吃水果的人……

垂直意味着精准，精准意味着高转化。

一个垂直的腰部IP，在内容上会更克制，也更精准。精准内容带来精准用户。与头部IP相比，腰部IP的粉丝并没有那么多，也不需要那么多。但是，精准用户的转化率会更高，他们和腰部IP不是弱连接，而是强连接，推荐转发的动力更强，裂变会更高效。

“弱水三千，只取一瓢饮”，是说给所有腰部IP的。

Part 4　腰部 IP，你我逆袭的武器

对于 99% 的人来讲，资金、人脉等资源的有限，决定了我们成为头部 IP 的概率极低。制约我们的，往往不是能力有限，而是资源有限。

但是，各个行业里，都有靠谱、专业的“手艺人”。在各种最新互联网工具的加持下，通过让更多人看见自己的“手艺”，如律所里的律师、学校里的老师、饭店里的厨师、会带娃的宝妈、爱打扮的美女、小区理发店里的托尼，都有极大可能成为腰部 IP。这种可能性丰富了我们的想象，给各行各业的真正的“手艺人”带来了希望。

与此同时，不管是平台流量，还是国家政策，都在朝着“共同富裕”倾斜，都在向“腰部”而不是“头部”倾斜。头部 IP 的成功毕竟是少数人的富裕，腰部 IP 的成功才是大部分人的富裕。所有行业、所有平台、所有领域、所有城市的红利，都会向腰部 IP 倾斜。

一起成为腰部 IP 吧！

让腰部 IP 成为后来者、弱者逆袭的武器，这既是大幅度提升 IP 胜算概率的可靠路径，也是时代洪流、大势所趋。

“虎”动时刻

为什么要成为腰部 IP，而不是头部 IP？谈谈你的看法。

扫码，听听虎哥怎么说。

第三节
腰部 IP = 靠谱 + 专业 +X

Part 1　腰部 IP= 靠谱 + 专业 +X

有一大波人相信这样的 IP 打造逻辑：想尽一切办法，先把粉丝聚集起来，越多越好，然后，再从这些泛粉里面筛选出一些精准粉丝成交。

于是，各大 App 平台上，就有了卖各种便宜女装的穿搭博主、在直播间带货面膜的国学大师。

一个在抖音上靠讲段子获得 1000 多万粉丝的 IP，卖母婴类产品，一个月变现金额连 5 万元都不到。这是一个段子高手的 IP，主播是一个胡子拉碴的大汉，他在直播间里随便带货一款来路不明的廉价奶粉，当妈的有几个敢买？

靠各种吸引人眼球的方式，先尽可能获得大量粉丝，然后变现，并不是腰部 IP 的逻辑，腰部 IP 的底层逻辑，或者说，腰部 IP 的打造公式是：

腰部 IP= 靠谱 + 专业 +X

靠谱是腰部 IP 传递的确定感；专业是努力在某个细分赛道成为第一；

X 是 IP 调性，在功能价值之外的情绪价值。

Part 2 做一个靠谱的腰部 IP

到底什么叫“靠谱”呢？

靠谱，就是腰部 IP 提供的确定感。

在充满风险、变化的动荡时代里，确定感是不确定世界里的稀缺物。确定性的产品，会给粉丝带来预期中的价值；确定性的 IP，会给粉丝带来安全感。

打个比方，每天在快手上讲各种法律知识，给大众普法的一位美女律师，用来变现的，竟然是一包 29.9 元的鸭脖子。某个你熟悉的拍电影的男明星，突然在淘宝直播间里带货某一款女士用的化妆品……

这些多少都让人感觉到突兀，感觉不靠谱。官司打得好的律师，不一定能做好鸭脖子；电影拍得好的明星，不一定化妆品就做得好。这是粉丝心里的“小九九”。

如果美女律师用来变现的是和法律相关的咨询服务，如果男明星开设一门表演课，在自己直播间里卖，那么，相对来说，就会在粉丝的“预料之中”，就会靠谱许多。

交易的前提是靠谱的 IP，这是所有做腰部 IP 的人一定要特别留意的。我们有各种方法展示自己靠谱的 IP 人设，其中最有效的一个方法就是持续在朋友圈展示自己一直在做的某一件或者某几件事。比如，持续在朋友圈跑步打卡，持续在朋友圈写精进日课，持续在朋友圈写感恩日志等。

有损于靠谱 IP 人设的四个大忌列到下面，尽量避免：

一忌“挂羊头卖狗肉”，比如国学老师直播《论语》的同时，却在带货面膜；

二忌负面情绪爆棚，比如在朋友圈经常发一些带有郁闷、暴躁等负面情绪的言论；

三忌输出不稳定，比如一天输出10条短视频，或几个月没更新；

四忌神秘莫测，传播一些未经证实的小道消息，或者求神问卜，或者与宗教相关的信息。

Part 3 做一个专业的腰部IP

腰部IP，如何做到专业呢？

答案是，努力在某个细分赛道成为天下第一。

我们小区前面的那条街上，有好几家卖煎饼的，买早餐的时候，我发现，其他煎饼摊子，人都不多，只有一个叫作"虎头军"的小店排满了人。在好奇心驱使下，我就排了长队，去体验了一下。发现他家煎饼和其他煎饼的不同：首先是干净卫生，工作人员戴着帽子、口罩，穿着白色大褂，每做完一个煎饼，都会把灶台的残渣及时收拾干净；其次是花样多，七八种煎饼，随你选；最后是煎饼个头大、分量足，单是一张薄脆，就比隔壁家的大许多。

"虎头军"煎饼，凭借这三张牌，成为我们小区前面那条街煎饼界的"一把手"，疫情三年，屹立不倒。

所谓专业，其实很好理解，就是要有一门细分领域的好手艺，凭手艺吃饭。最好能把这个手艺不断精进，修炼成天下第一，就像日本的"寿司之神"——小野二郎，把寿司做到天下第一。当然，如果刚开始时不能做到天下第一，做到社区第一、城市第一，也是可以的。

此外，也可以在某个垂直领域做到第一，比如淘宝上有一家宠物服务公司，他们不卖狗粮，也不提供宠物寄养托管，而是专门做宠物的搜寻服务，主人的宠物走丢，他们通过一系列流程化的线上线下操作，通过先进的技术设备，很快帮主人找回爱犬、萌猫，做得很专业。

如何展示IP的专业呢？

用户的肯定，才是专业的成功。请用户去评价自己的服务和产品：可以用图片，也可以请用户拍成短视频，把这些材料加工整理，发布在朋友圈、抖音、小红书等平台。当然，如果用户愿意，也可以直接和用户在直播间里连麦互动，这样更有说服力。

Part 4 做一个"有 X"的腰部 IP

腰部 IP，如何做到有调性呢？

答案是：在产品的功能价值之外提供情绪价值。

情绪价值是粉丝从腰部 IP 身上获得的一种独特情感体验。

1000 个腰部 IP，会有 1000 种情绪价值。这种情绪价值由 IP 的经历、性格、环境、表达、着装等方面的因素合成而来，由于情绪价值五花八门，千差万别，有时甚至用语言难以形容，我们特地用大写字母 X 表示。

下面的故事，很能说明什么叫情绪价值：

举个例子，已故知名企业家褚时健先生，出狱时已经 74 岁了，开始在云南哀牢山种橙子，橙子种出来的时候他已经 80 多岁了，开始上市卖，命名为"褚橙"。褚橙一上市，虽然比同类的橙子要贵很多，但是依然大卖，这帮助褚时健东山再起，成为亿万富翁，在 86 岁时成为"中国橙王"。我想褚橙大卖的原因与其优良品质是分不开的，但是还有一个原因，那就是褚橙包装上的那一行字：

——人生总有起落，精神终可传承

当事业不顺的打工人，当正处于至暗时刻的创业者，剥开一颗褚橙放进嘴里时，经过舌尖的、激发味蕾的，不仅仅是甘甜的橙子的果汁，还有一种永不言弃、不向命运低头的精神内涵，这种精神内涵似乎也如同甘甜的橙汁，被身体吸收了。

这就是一个 IP 的调性，就是一个腰部 IP 能在产品功能价值之外，提供给用户和粉丝的情绪价值。在产品越来越同质化的今天，越来越大同小异的今天，用户购买的服务和产品，其实包括两个价值，一个是功能价值，另外一个是情绪价值。

各种情绪产品的出现，各种与众不同的、个性鲜明的IP账号的出现，都在传递着一个强烈信号：在可预见的未来，消费者购买产品的原因，情绪价值的比重，将会从原先产品总价值的10%~20%，一路攀升到30%~40%，甚至超过50%，超过功能价值的比重。这是所有腰部IP尤其要关注的一个大趋势。

因此，在靠谱和专业之外，让我们努力做一个有调性的，能为用户提供独特情绪价值的腰部IP吧。

“虎”动时刻

说到腰部IP的调性——情绪价值，想一想，你能为自己用户提供什么情绪价值呢？

扫码，听听虎哥怎么说。

第四节
腰部 IP 的六项修炼

当我们在周末去攀登一座少有游人涉足的野山，或者和三五好友在茫茫戈壁进行穿越，或者要去探访一个神秘边境上的漠北小城时，如果让你选择携带一件必备之物，你会选择什么呢？

是食物、帐篷、矿泉水，还是一张精准度极高的地图呢？

我想，很多人会选择地图。

因为有了地图，其他东西，或者其替代物，你都可以找到。

对于大部分人而言，打造腰部 IP，犹如涉足一片未知的陌生之境，如果想要不迷路，想避免深陷泥潭和困境，同样，也需要一张能够帮你避险、安全抵达目标的地图。

有没有一张打造腰部 IP 的行军地图呢？

这就是本节要讲的“腰部 IP 六项修炼”，如图 1-1 所示。

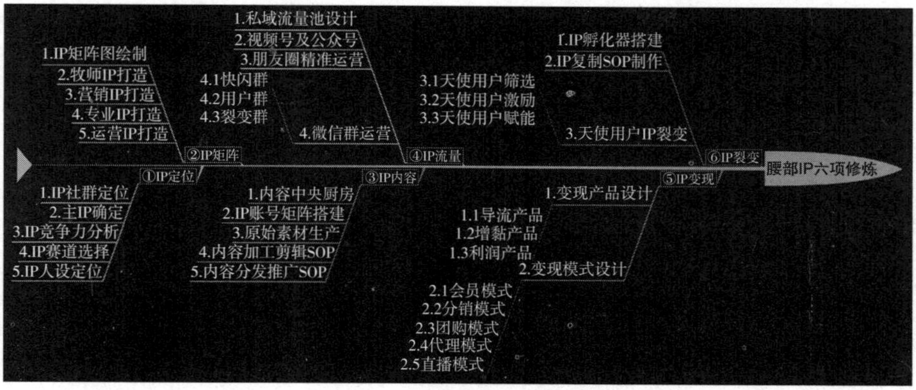

图 1–1　腰部 IP 六项修炼

Part 1　做好腰部 IP，按这六步来

腰部 IP 按照其打造的操作步骤，从引流到变现，然后再到裂变，一共有六个模块需要持续迭代修炼，我们称为腰部 IP 六项修炼。它们分别是：

第一项修炼，IP 定位

IP 定位的修炼，就是单点击穿的修炼。

第一项修炼，其目的是单点击穿。因此要不断地做减法、做垂直，找到最适合 IP 生存的点，最能发挥 IP 优势的某一个垂直细分的生态位。然后，在这个切口极小的生态位上，集中资源投入，饱和式攻击，持续深耕，做到 1 毫米宽 10000 米深。

一旦达到 10000 米深的深度，你就真正地在某个领域做到了单点击穿，做到了天下第一。因此，IP 定位，就是不断做减法，“定”在让你成为天下第一的点上。

第二项修炼，IP 矩阵

IP 矩阵的修炼，就是线上协作的修炼。

第二项修炼，其目的是“上面有人”。线下搞事情，一个人往往难以成事。同样，如果想在线上打造 IP，也必须有团队支持。你需要基于牧师型 IP、专业型 IP、运营型 IP、营销型 IP 这四个 IP 角色，搭建你的 IP 矩阵，构建自己的 IP 打造小分队。

第三项修炼，IP 内容

IP 内容的修炼，就是内容获客的修炼。

第三项修炼，其目的是通过持续稳定的精准内容的输出，获得源源不断的精准客户。这里包括根据 IP 矩阵搭建新媒体矩阵，构建自己的内容中央厨房，对内容进行系统规划，并持续输出以获得流量。

第四项修炼，IP 流量

IP 流量的修炼，是私域运营力的修炼。

第四项修炼，其目的是通过搭建私域流量池，经营私域流量，构建个人或者企业的护城河。比变现更重要的是流量，比流量更重要的是私域流量。这一项修炼，我们将围绕“虎帮社群铁三角”这样一个成熟的流量池模型，帮你搭建牢靠而稳定的私域流量池，让你获得私域流量运营的能力。

第五项修炼，IP 变现

IP 变现的修炼，就是“怎么卖”的修炼。

第五项修炼，紧紧围绕着一个大家都最关心的问题展开——怎么卖？大米和珠宝的销售模式、变现场景、用户渠道，是完全不一样的。到底你的产品适合分销模式、拼团模式，还是会员模式？差之毫厘，谬以千里，在这一项修炼里，我们会拆解最适合腰部 IP 的几种变现模式，帮你打磨最适合你的变现模式。

第六项修炼，IP 裂变

IP 裂变的修炼，就是 IP 复制力的修炼。

如果你能成功孵化一个 IP，就能孵化 10 个，甚至 100，1000 个；如果你能高效管理一个微信群，就能管理 10 个，甚至 100 个，1000 个。第六项修炼，是从付费用户里，提纯出 IP 的天使用户，然后把天使用户当作腰部 IP（主 IP）的营销 IP（也是副 IP）来孵化，通过城市合伙人、分销商、代言人等形式，激励天使用户影响身边的人，进而形成内容、社群和业绩三个维度的裂变。

Part 2 一个闭环的，自我迭代增长系统

腰部 IP 六项修炼的最后一项，即第六项修炼，其实是腰部 IP 针对自己的天使用户——副 IP，对前五项修炼的批量复制。在这里，第六项修炼里的第一步其实是对天使用户的 IP 定位。这样，我们又回到了这个模型的第一项修炼，整个商业模型形成了一个闭环迭代系统。

打个比方，一个在抖音上教人跳拉丁舞的资深舞蹈老师，这是一个典型的腰部 IP，他会手把手教“拉丁教练群”里的舞蹈教练如何做好 IP 定位，打造自己的 IP 人设，如何搭建自己的用户群里的 IP 矩阵，并进行分工协作，如何进行 IP 内容输出——做短视频，如何用直播卖舞蹈课进行 IP 变现。这些，就是对自己前 5 项 IP 修炼成功经验的批量复制。

腰部 IP 的第六项修炼的成功，需要依靠打造 IP 的前五项修炼的紧密配合。只不过，这不是针对一个 IP，而是针对若干个 IP。而每一次这样的循环，都意味着一次升级迭代，一次裂变式增长。于是，一个闭环的 IP 迭代增长系统就这样形成了。

Part 3 十年守一城，一年进百城

2022 年 10 月，云南茶老板 F 先生，在公司打造 IP 矩阵才 3 个月，全公司 11 个人的微信里的粉丝加起来不到 5000 人的时候，他要求手下的人进行直播带货变现。负责新媒体部门的小 Z 顶不住压力，开始在视频号上直播，结果一个月下来，直播间里门可罗雀，只变现 2000 多元钱。F 先生认为打造 IP 没效果，旋即解散了新媒体部门。

这是在许多公司、在许多人身上，已经发生，或者正在发生的事情。

在变现这件事上，如图 1-2 所示，腰部 IP 不是线性增长，而是指数增长。我们把腰部 IP 的孵化分为两个阶段。

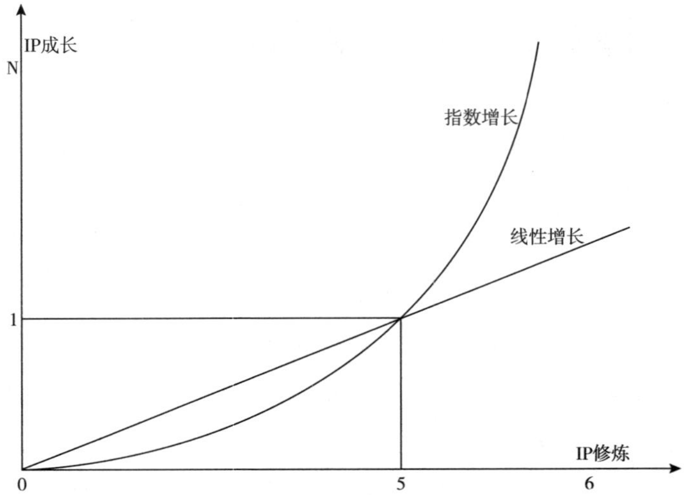

图 1-2　指数增长模型

第一个阶段，十年守一城，这是从 0 到 1 的阶段，也是进行商业模式探索的阶段。底子越薄弱，团队越大，探索的过程会越长，因为需要试错的次数也越多。

在这个阶段，要对腰部 IP 六项修炼里的前五项修炼进行反复的试错和打磨。这时候，腰部 IP 的重点，其实并不在变现本身，而是在变现模式的建立上。因此，在这个时候，在冲破“1”这个点之前，业绩绩效往往会低于传统的线性增长方式。

第二个阶段，一年进百城，这是从 1 到 N 的裂变阶段，也是真正收获的阶段。

一旦完成了变现模型的建立，腰部 IP 就会进入第六项修炼，即 IP 裂变。这时候会迎来销售数据 10 倍，甚至 100 倍的指数型增长，通过对天使用户的孵化，会将一个 IP 的业绩增长放大到 10 个、100 个甚至更多。

十年守一城，一年进百城，这是腰部 IP 的业绩增长逻辑，所有做腰部 IP 的人，都需要把图 1-2 装在自己的大脑里。

Part 4 第六个烧饼的故事

在打造 IP 这件事上，有人曾经问过我一个非常有趣的问题：能否只做第六项修炼，把前面五项修炼都省了，直接进行 IP 裂变，实现指数增长呢？

这里我想讲个古老的故事：从前有一个饥肠辘辘的人，在街上一家烧饼铺子买饼充饥，连吃 5 个饼都没饱，直到吃到第 6 个饼的时候才吃饱。

下一次，他再来买烧饼的时候，向烧饼铺子的老板提出，只买第 6 个能吃饱的烧饼，而不要前面 5 个吃不饱的烧饼。

如果你是那个街头烧饼铺子的老板，你会如何回答呢？

除非前面五项修炼都已经做好了，否则不要直接进入第六项修炼。

欲速则不达，最短、最快的路是不返工。

“虎”动时刻

很多人做 IP 都是为了变现，但是为什么不能直接做 IP 变现？根据本节讲的腰部 IP 六项修炼，聊聊你的想法。

扫码，听听虎哥怎么说。

第二章

IP 定位——单点击穿，
1 毫米宽，10000 米深

第一节
1 毫米宽，10000 米深

做 IP 的第一步是什么呢？

有人一上来就申请一大堆抖音账号、视频号账号、快手账号；

有人做直播，带货、卖课，每天直播两三个小时；

有人做短视频，学别人蹭热点，什么热讲什么、蹭什么；

还有人，请专业的摄影师，给自己拍摄 IP 形象照……

如果这样做，你肯定会遇到这些问题：

没时间打理那么多账号；

不知道自己做直播适合卖啥产品；

做短视频没有主线，人云亦云；

拍形象照，不知道该突出什么 IP 人设。

这些问题，如果提前做好一件事，就可以迎刃而解，这件事就是：IP 定位。

Part 1 做 IP 的第一步是什么？

做 IP 的第一步，不是开账号，不是设计产品、开发课程，不是卖货，不是拍形象照，不是直播，而应该是：IP 定位。

为什么做 IP 的第一步是 IP 定位呢？

原因很简单：IP 定位，决定 IP 地位。

IP 定位的本质是赛道选择。

选择坐在哪条船上，和谁比赛，决定了 IP 的行进速度和浮沉成败，决定了 IP 到达终点的座次地位。选择大于努力，这句话用在打造 IP 这件事上，再恰当不过。

在即将沉没的泰坦尼克号上，即使你定了一个最豪华的 VIP 舱位，也无法避免沉没的命运。

你的 IP 定位，定在了下沉的赛道，再怎么努力，也不会有大起色。你的 IP 定位，定在了风口上，可能稍微用点力，就能飞起来。你是一头狼，和狮子竞争，只能当小弟，甚至被吃掉。但是如果定位在了羊的赛道，那你会大杀四方，把所有羊都吃掉，成为老大。所以才会说：

——IP 定位，决定 IP 地位。

一旦有了明确的 IP 定位，你会发现许多之前纠结的问题，都迎刃而解。

假如，你现在的 IP 定位是跑步教练，之前直播带货不知道卖什么，现在就可以带亚瑟士跑鞋；

假如，你现在的 IP 定位是国学启蒙，之前拍 IP 形象照不知道该穿什么衣服，现在就可以穿中国的传统服饰；

再假如，你之前抖音短视频，总是蹭热点，没有自己的主线和主题，人云亦云，现在明确自己的 IP 定位是茶博士，那就可以从茶的视角解读许多热点事件……

这样的例子还很多，总之记住一句话：IP 打造过程中：99% 的问题都和 IP 定位有关。

做好 IP 定位，就是一锤“定”音，很多问题，自然就有了答案。

Part 2 腰部 IP 定位指南——单点击穿

做腰部 IP 的大忌是：多才多艺。

一位前电视台主持人，学过心理学，弹得一手好钢琴；

一位运动达人，跑过马拉松，进过省篮球队，羽毛球也打得不错；

一个农场主，茶叶也卖，苹果也种，还有二亩白菜地；

一家十几个人的公司，有大大小小三十多款产品，分布四五个赛道

……

他们在做 IP 的时候，遇到的一个共同的挑战：

什么都做的 IP，什么都不是。

做腰部 IP，一定要单点击穿，有两个原因。

第一个原因，只有单点击穿，IP 才有辨识度

当我们看到小翠一直在直播间卖茶叶时，我们会说，小翠是个卖茶叶的。但是，如果小翠今天在直播间跳舞，明天在直播间讲段子，她的 IP 人设就会模糊起来，一说到小翠，我们可能会说“不知道到底干啥的”。事实上，许多后来的“大杀四方”，都是因为曾经的“单点击穿”。

第二个原因，只有单点击穿，才能把事情做好

对于大部分腰部 IP 而言，“多才多艺”是 IP 最大的“杀手”。这是因为，相比那些头部 IP，腰部 IP 自身资源有限：不管是团队上、资金上、精力上，还是人脉上，一个腰部 IP 无法同时把多个账号运营好；同时把多个 IP 人设经营好；或者同时把多个产品、多款服务做好。

想要快速地获得突破，最好的办法，就是单点击穿，定位某一个点，找一个垂直领域，集中资源，对单点饱和式攻击。只有这样，才能力出一孔。

Part 3 1 毫米宽，10000 米深

那么什么叫作“单点击穿”的 IP 定位呢？

用一句话概括，就是：1 毫米宽，10000 米深。

个人也好，企业也好，做腰部 IP 的最好姿势，就是一生一事。为自己的 IP 定位一个重度垂直的点，一个细分赛道，一个“1 毫米宽”的点，在这个点上，用上全部资源，用 10 年、20 年，甚至一生的时间，把一个产品、一种服务，做到“10000 米深”。一旦你能做到 10000 米深的地方，那么，很可能，你就是这个细分赛道上的“天下第一”。

举个例子，日本有一位做寿司的老人，20 来岁的时候就在日本的餐饮生态链里，把自己定位成一个“捏寿司的人”。他的店里只有寿司，没有其他菜。他做了一辈子寿司，而且只开了一家店，只针对寿司的高端用户提供服务，他这家店只能容纳 10 人左右。这位老人在年轻的时候，就找到了自己 1 毫米宽的地方。

为了保持寿司的口感，热情好客的他甚至拒绝和男性握手，原因很简单：男性双手温度高，握手之后再去捏寿司，会极大地影响寿司的口感。因为专注于捏好寿司，他连做梦，也经常会梦到自己在做寿司。这真是把捏寿司这件事做到了 10000 米深。

这位老人就是出生于 1925 年，2022 年时已经 97 岁但还在捏寿司，被誉为“寿司之神”的小野二郎。即使日本首相和美国总统要去他店里吃寿司，也需要提前预订。他把寿司做到了 1 毫米宽 10000 米深，做到了“天下第一”。

Part 4 一个模型，做好腰部 IP 定位

那么如何做好腰部 IP 定位，找到那个 1 毫米宽 10000 米深的点呢？

接下来，用一个“IP 定位模型”（见图 2-1）来做你的腰部 IP 定位，你需要提前准备：

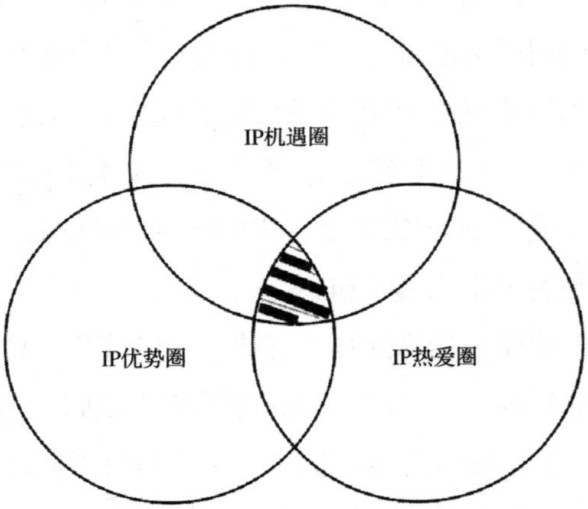

图 2-1 IP 定位模型

一张空白 A4 纸

三支不同颜色的笔

第一步：画三个有交集的圆圈（见图 2-1）

用三支不同颜色的笔，在这张 A4 纸上画出三个不同颜色的圆圈，尽可能大一点。三个圆圈最好能把整张 A4 纸占满。注意，在画这三个圆圈的时候，圆不圆倒不是最重要的，最重要的一点是：这三个圆圈之间一定要有“交集”——也就是要有重合交叉的空间，把这个交集空间，也尽可能画得大一点。

第二步：三大类十个关键词填充

三个圆圈里，用和圆圈相同颜色的笔，分别写上“IP 机遇圈”“IP 优势圈”“IP 热爱圈”，交集的部分我们称为“IP 交集圈”。

然后把你认为的未来的十个机遇，以关键词的形式放到“IP 机遇圈”里。同样的做法，把你的十个优势，以关键词的形式，放进“IP 优势圈”

里。把你热爱的十件事，也放到“IP 热爱圈”里。注意，不要在三个圈的交集里填写任何文字。

在填充上面三个圈的时候，一定要对其内涵和定义有准确的理解，否则填充进来的关键词很可能没什么用。具体来讲，你需要知道：

所谓机遇，不同于稍纵即逝的风口或者机会，而是一个未来 10 年甚至 20 年都不会发生改变的趋势。你可以说，在未来 10 年，大健康领域是个机遇，人工智能、元宇宙或者 WEB3.0 是个机遇，但不能说明天买入某只股票然后在后天卖出是个机遇。

所谓优势，不仅仅包括你的技能优势，年龄优势、资金优势，所有别人不具备的独特的资源，都可以作为你的优势。比如，你家就住在某条商业大街上，那么这是你独特的地理优势，在家门口卖矿泉水都赚钱。

所谓热爱，不同于兴趣。兴趣往往随时能给你带来快乐，但是热爱的事情，却往往需要你承受巨大的压力和痛苦。比如把跳舞当兴趣，去公园跳广场舞就很欢乐。但是如果把跳舞看得比生命还重，却需要付出常人难以承受的痛苦，才能站到舞台中央。

第三步：筛选 IP 交集

现在审视你面前的三个圈，“IP 机遇圈”“IP 优势圈”，还有“IP 热爱圈”，从每个圈的十个关键词里，去寻找这样的一个词：

——这个词既是你热爱的，又能发挥你的优势。

如果有的话，就把这样的关键词放进三个圆圈重叠的“IP 交集圈”里。这就是你的 1 毫米宽的地方，就是你单点击穿的那个点。

这样操作，你可能会面临三个结果：

一是三个圈找到一个交集，恭喜你，这就是你的 1 毫米。

二是三个圈找到多个交集，这时选哪个呢？选择你热爱程度最高的那一个，作为你的 1 毫米。

三是三个圈根本没有交集，这下怎么办呢？依然是选择自己热爱的细分赛道，作为 1 毫米宽 10000 米深的可进行单点击穿的点。

“虎”动时刻

做 IP 定位的时候，虎哥建议你选择自己热爱的赛道，你认可吗？

扫码，听听虎哥怎么说。

第二节
腰部 IP，如何“定招牌菜”

在一条街上，同样的地段，同样大小的门面房，同样的 IP 赛道，都是卖早餐，三娃子早餐店没开 3 个月就倒闭了；人家老赵胡辣汤，开了 30 多年了，即使疫情期间，生意依然很好，好像并没有受太大影响。

为啥同样的 IP 赛道，境遇如此不同呢？

因为，除了精准的 IP 赛道外，腰部 IP 还要有一道自己的“招牌菜”，即做好 IP 产品定位。腰部 IP 产品定位与赛道定位同等重要，是腰部 IP 定位的两大模块之一，腰部 IP 产品定位的唯一目的就是帮助其找到精准赛道上的“招牌菜”。只有完成了腰部 IP 的产品定位，我们才能说，一个腰部 IP 的定位完成了。

这一节，我们就重点说说腰部 IP 如何找到自己的招牌菜，如何在产品层面“定”到 1 毫米宽 10000 米深的那个点上。

Part 1 生意火爆的老赵胡辣汤

上一个礼拜六，我给在西安的虎妈打电话请安，问老娘早点吃的啥，她说，吃的老赵胡辣汤。我很是惊愕。30 年前，我上初中的时候，在白鹿原下面的自由市场就喝过他家胡辣汤。三年前，也就是疫情大面积暴发前的2019年春节，我回西安过年，在腊月时还喝过他家胡辣汤。没想到这三年，许多大饭店都顶不住，倒闭了，老赵胡辣汤，竟然神一样地存在着，屹立不倒。

老赵胡辣汤是很奇特的一家西安本地的早餐店。30年来，只卖胡辣汤，而且只卖一种胡辣汤——素胡辣汤，没肉丁也没肉丸的那种。白瓷宽口大碗，大铁勺子，从比大洗脸盆子还大的锅里，给你美美地来上一大铁勺，再给你撒上一点胡椒粉，放上一小勺油泼辣子，才3块钱，实惠又美味。几十年来，价格都没太大的变化。

不但食客们说好，周围一起做生意的同行也都说老赵胡辣汤好。因为他们家只卖胡辣汤，如果你要吃个肉夹馍，或者想在胡辣汤里泡个锅盔，掌柜的会扯开嗓子喊"肉夹馍，给我这里小伙子夹两个馍"，或者说"锅盔，给红衣裳的女子弄块锅盔"。

"一招鲜吃遍天"并没有过时。

老赵胡辣汤，是白鹿原早餐摊名副其实的腰部IP，十里八乡爱喝胡辣汤的人，没有不知道他家的。开饭店能生意红火30多年，我觉得一个核心秘诀就是他有一道招牌菜，而且几十年来只做这一道招牌菜，而且这个招牌菜和别家的高度互补，从不"吃过界"。

Part 2 腰部IP，为什么必须要有一道"招牌菜"

所有做IP的，尤其是做腰部IP的，都应该学老赵胡辣汤，一定要有一道"招牌菜"。

腰部IP，就像街头的小吃店，就那么大铺面，只能摆四五张桌子，甚至有的只有一个档口，连吃饭的地方都没有；团队呢，更谈不上，好点的店夫妻两人齐上阵，大部分是既当老板又当伙计。这个时候，如果还弄上十几道菜，大概率一道菜也弄不好。这样的话，吃饭的人吃一次就不会来第二次，过不了多久，就会关门大吉。

事实上，许多做 IP 的，尤其是做腰部 IP 的，一个重要的失败原因就是觉得自己什么都会，什么都行。既能带货，又能卖课：白天还是一名好书推荐官，在卖读书卡，晚上在直播间里可能就是一名健身教练，在教人跳操。

不知道你是否留意过街上那些开得比较久的店铺，做得久的，做得好的，很多都有自己的一道“招牌菜”，比如：王麻子剪刀、费大厨小炒肉、张海参、老孙家泡馍。创业早期，在资源有限的情况下，与其到处撒胡椒面，不如集中精力，把一道菜、一项服务、一款产品做到 101 分。

“招牌菜”来自产品上的克制和专注。腰部 IP 必须要有一道自己的“招牌菜”，否则，即使定义了一个垂直细分的 IP 赛道，也会因为开发的产品过多，或者上线的功能过多，而把有限的资金、精力、时间消耗殆尽。

Part 3　用这张表，找到你的 IP“招牌菜”

那么，腰部 IP 如何找到自己的“招牌菜”呢？

在过去 9 年时间里，老虎微运营在服务客户的过程中，提炼出一个“招牌菜定位表”（如表 2-1 所示），通过这个表格，你可以在一个精准的 IP 赛道上，找出自己最有竞争力的一道“招牌菜”，下面，我们通过一个案例来说明这个工具如何使用。

假设你是 30 年前的老赵，想在白鹿原的自由市场上开一个早餐店，人手有限，资金有限，只能卖一种早点，卖啥呢？你有三种选择，胡辣汤、油条、肉夹馍，你该如何选择呢？

表 2-1 “招牌菜”定位表

	产品 1: 油条	产品 2: 胡辣汤	产品 3: 肉夹馍
S/ 优势 +	面不花钱，自家种的小麦（1分）	之前会做（1分） 原料便宜（1分）	小舅子免费送全套设备（1分）
W/ 劣势 -	费人工（1分） 技术要求高（1分） 油贵（1分）	得买不少碗筷（1分）	费人工（1分） 肉价在涨（1分） 技术要求高（1分） 需要顾客等（1分）
O / 机遇 +	街上目前没有卖油条的（1分）	西安人早餐都爱喝胡辣汤（1分） 做得好的还没有（1分）	爱吃肉夹馍的人不少（1分）
T 威胁 -	隔壁老王也想炸油条带豆浆卖（1分）	街上有一家卖肉丸胡辣汤的，而且生意不错（1分）	有两家竞争对手（1分）
C 竞争值 C=S+W+O+T	C=S+W+O+T =1-3+1-1 =-2	C=S+W+O+T =2-1+2-1 =2	C=S+W+O+T =1-4+1-1 =-3

第一步：确定选项

先画出一个这样的表，把你的三个产品的填进去。比如，想卖早点的老赵，有三个选择：油条、胡辣汤、肉夹馍。在这张表格里用：

S 代表产品竞争优势、W 代表产品竞争劣势；

O 代表外部环境机遇、T 代表外部环境威胁；

C 代表产品的竞争力，C=S+W+O+T。每一个 S 项和 O 项，因为是正面因素，积分 +1；相反，每一个 W 和 T 项，是负面因素，积分 -1。

第二步：分析单品竞争力

如何对一款产品进行竞争力分析呢？

假设老赵早餐要卖油条，先看 S（优势）有哪些，比如炸油条的面不用花钱，用自己家种的小麦，这是一个优势，加 1 分。W（劣势）有哪些，比如炸油条费油，油比较贵，这就是劣势，减 1 分。然后看下炸油条的 O（机遇）到底有没有，比如目前想开店的街上，没人炸油条，这就是机会，加 1 分。外部的 T（威胁）有哪些呢？老赵想了想，前天和隔壁老王聊天，他要开个炸油条的早餐店，这算是个不小的威胁。填在表格对应的位置，每个威胁减 1 分。

单品竞争力 C=S+W+O+T，由此，对老赵而言，油条这款产品的竞争力 C=–2。

以此类推，可以算出卖胡辣汤、肉夹馍的竞争力分别是 2 和 –3。

第三步：分析单品竞争力

这一项，就是看哪个产品的 C 大，C 的分值越大，说明越有竞争力。从计算结果来看，除了卖胡辣汤是正分外，卖炸油条和卖肉夹馍都是负分，都没有竞争力。一个单品的 C 值越大，说明越有竞争力；C 值越小，越没有竞争力。比如老赵卖肉夹馍 C=–3，炸油条 C=–2，说明对老赵而言，卖肉夹馍比炸油条更没有竞争力。而只有卖胡辣汤的 C=2，是正值。因此，老赵最后选择卖胡辣汤。

以上是讲解如何找到腰部 IP 的“招牌菜”，我们拿老赵胡辣汤打个比方。当然，如果你现在准备做 IP，赛道定了，拿不准应该做什么产品，你可以把表格里的三个选项换成苹果、草莓、凤梨，也可以换成拉丁舞、交谊舞、探戈，换成自己想要做的任意三款产品，用上面的方法从中找到自己 IP 的“招牌菜”。

Part 4　把一款产品做到 10000 米深，你就无敌了

10 款 60 分的产品抵不上 1 款 101 分的爆品。

你去一家生意很冷清的餐馆问老板，你们这里招牌菜是什么？

他大概率会回答“咱家啥都好吃”。

你去一家生意很好的餐馆，如果问同样的问题。老板会毫不犹豫地给你推荐一道他家招牌菜。

作为资源十分有限的腰部 IP，我们时刻都要问自己这样的问题：

我的 IP“招牌菜”是什么？

腰部 IP 的“招牌菜”，就是要 ALL IN（全部投入）所有的资源，把一款产品做到 1 毫米宽 10000 米深，做成爆品。有了“招牌菜”的腰部 IP，再去搞流量、做营销，会容易很多，也会从容很多。

“招牌菜”是腰部IP的“压舱石”。IP本身是一个扩音器，如果你没有一款好产品，没有真正能解决用户问题的服务，做IP就成了“割韭菜”，你就成了“大忽悠”。IP做得越大，你的负面信息会扩散得越广。这一点，是所有做IP的人应该谨记的。

“虎”动时刻

你有没有一道自己的“招牌菜”呢？那是什么？你觉得自己的这道“招牌菜”解决了用户什么问题？

扫码，听听虎哥怎么说。

第三节
IP 名都起不好，谁会信任你

你的微信通讯录里，有没有这样一类“大神”？

他们的微信名字很奇特，有的是一个奇怪的符号，有的是一颗柠檬，有的是一朵花，还有的是一条绿色毛毛虫。我通讯录里，有四个人，他们的微信名都用一个句号表示。

还有一个人，文字都懒得写，直接放了一只大羊腿。有次我想买羊肉，点开这位“大神”的朋友圈，发现他根本不是卖羊肉的，而是一个花店老板。

微信名，就是一个人在微信上的 IP 名，IP 名就是你行走江湖的招牌，如此随意的 IP 名称，真叫人哭笑不得。

这些“大神”，从他们的 IP 名，你无法分辨是男是女，搞不清他们是干什么的，甚至对你传递了错误的信号和暗示。

IP 名都起不好，谁会信任你？

做腰部 IP，一定要避免这种尴尬，好赖给自己起一个不那么随便的 IP 名。这一节，我们就来发布四个好记又好用的 IP 起名公式，保证你一学就会。

公式 1：亮出招牌菜，IP 名称 = IP“招牌菜”+X

有的 IP 名，让人一看就知道这个人的职业和带货品种。这是 IP 名的第一个作用，让人知道你的产品或者服务，一旦关注你的人有这方面的需要，会第一时间想到你。

这样的 IP，起名公式就是：IP 名称 =IP“招牌菜”+X。

即把 IP“招牌菜”和其他 IP 元素 X 进行组合，这道“招牌菜”有时候加在 X 前面，有时候加在 X 后面，举几个例子：

“招牌菜”在前面：“海参吴”，一个卖海产品的姓吴的人，招牌产品是海参；“皮带定制哥”，一位做皮带定制的大哥；“太极陈师傅”，一听 IP 名称就知道是一位教太极拳的陈师傅。

“招牌菜”在后面：比如，上一节提到的案例——“老赵胡辣汤”；再比如，“费大厨小炒肉”，一个炒菜的厨师 IP，拿手菜是辣椒小炒肉。知名的“全聚德烤鸭”，“老孙家泡馍”，都是一个原理。

总之这类 IP 名称，一个显著特点是把 IP 的“招牌菜”包含在 IP 的名称里，对吸引精准粉丝非常有帮助。

公式 2：要有调性，IP 名称 =X+IP 调性

一看 IP 名，就能判断 IP 调性，这样的 IP，起名公式是：

IP 名称 =X+IP 调性。即把 IP 调性和其他 IP 元素 X 进行组合。

根据自己的服务对象，传递某种用户认可的 IP 调性，这种 IP 调性，其实就是一种情绪价值，可以是一种性格，一种态度，或者一种精神内涵。来举个例子。

“燕小咖”这个 IP，是音乐版权行业一个典型的腰部 IP，为什么叫“燕小咖”呢？

一个很重要的原因是，她服务的对象要么是一些知名歌手、艺人，要么是一些有影响力的音乐厂牌。相对于自己的合作伙伴——那些大咖们而言，她希望自己扮演一个严谨、低调、专业的店小二一样的服务者的角色，即一个服务大咖的小咖。

因此用“小咖”传递她的调性，此外 IP 名称里的 X——“燕”，来自于她的姓名，一起组成了燕小咖这样的一个 IP 名。当然，你也可以把彰显 IP 调性的词前缀。

公式 3：用 IP 名讲故事，IP 名称 = 名词 + 动词 + 名词

如何让 IP 名称自己“开口”，讲一个和 IP 有关的故事呢？

你的用户一看到 IP 名，立即就会对你感兴趣，然后戳进来、点关注，你可以用下面这个 IP 起名公式：

IP 名称 = 名词 + 动词 + 名词

一个诀窍就是在 IP 名称里加一个动词，动词的前面和后面，一般都是名词，构成一个主谓宾的语法结构，描述一件正在发生的事，这样的案例很多，罗列几个供你参考：

“樊登读书”：一个叫樊登的人，带领大家一起读书。樊登，是人名，也是主语；读，是关键的动词，也是谓语；书，是名词，也是宾语。

“露露在撸铁”：一听 IP 名就知道，是一位美女健身教练，教你如何健身。

“二毛逗你笑”：这个用了两个动词，一个是“逗”，另外一个是“笑”，一个叫二毛的人，讲段子，逗你笑，画面感很强。

第三个的 IP 命名的公式，关键是用 IP 名讲一个好故事。这个故事，一定要对目标受众有吸引力，一定是粉丝感兴趣的故事、想做的事，或者想要的产品。

公式4: 与众不同，IP名称=IP差异点+X

抖音上有很多做瑜伽培训的同行，有许多卖苹果的农民大叔，小红书上有许多卖红酒的品酒师和教人画画的插画师。那么，作为同行的你，如何通过一个IP名称，彰显和他们的不同，让自己的粉丝一下就记住自己呢？这就要用到下面的IP起名公式了：

IP名称=IP差异点+X

即用IP与众不同的点和其他IP元素结合，组成一个IP名称。

我们来看一组IP名称的案例：

“一分利眼镜”：都卖眼镜，但我挣顾客的钱很少，只赚十分之一的利润；

“不隔夜猪肉张”：抖音、淘宝、小红书上卖肉的人很多，但与其他卖肉的人相比，我不卖隔夜的猪肉，我卖的猪肉不隔夜；

“二宝妈教插画”：都在教大家学插画，但我是一个有两个孩子的宝妈插画师；

“左撇子文身师”：用左手帮你文身的文身师，听起来很有个性。

发现没有，这些IP名称，既好记又能把自己和同行区隔开来。这就是在IP名字中加入IP差异点的效果，这种差异点，可以来自IP本身的特征，也可以来自产品服务的卖点。但是，无论从哪个角度选择IP差异点，都有一个共同点，那就是：

IP差异点一定要让粉丝感觉与众不同。

也就是说，你的IP差异点一定和粉丝有关，对他们有好处，有价值。而不是一些你认为有特点，但实际和粉丝一毛钱关系都没有的差异点。

以上四个IP起名的方法，是四个最基本的IP命名公式，他们之间相互组合拼接，会衍生出更多的IP命名方法。大家可以在实战中根据自身行业特征、产品特性，对这四个IP命名公式进行二次组合，开发出更多公式。

最后补充一点，那就是：

做完 IP 定位再起 IP 名。

不要随随便便就给自己的 IP 装一个“大招牌”，一定要在 IP 定位后再做。为什么呢？因为 IP 起名的依据是 IP 定位，这是不能颠倒的从属关系。IP 名要和 IP 定位 100% 吻合。只有做完 IP 定位，你才能明确许多精准信息。而这些信息，是 IP 起名的关键要素，只有在 IP 定位明确后才能获得。

“虎”动时刻

你的 IP 名称是否好记又好用？

扫码，听听虎哥怎么说。

第四节
腰部IP，如何快速打造IP人设

一个头部IP，家大业大，想要快速打造或者改变自己的IP人设，往往会涉及方方面面的利益，决策和执行都会比较慢。但是，一个腰部IP，船小好掉头，可以在几个月甚至几周时间内，完成自己IP人设的打造或者迭代。

腰部IP，如何快速打造一个属于自己的独一无二的IP人设，让目标用户一提起你，就能联想到某个IP形象呢？

Part 1 IP人设是什么？

在打造IP人设之前，我们先要搞清楚一件事，那就是当我们说起IP人设的时候，我们在说什么？

所谓IP人设，就是当目标用户谈起这个IP的时候，会想起什么？说得更简单一点，IP人设就是IP在粉丝心目中的形象地位。

这里对IP人设的定义其实包含三层含义：

一是IP形象——干什么的，打篮球的，还是拍电影的；

二是IP地位——干得如何，第一名，还是最后一名，是大神还是菜鸟，是专家还是小白。

举个例子，对于打篮球的人来讲，提起乔丹，他们大部分人会想起“篮球之神”这个 IP 人设。乔丹在篮球迷的心智空间里的 IP 形象就是打篮球的，尽管他高尔夫也打得不错，还做了很多其他事情；这个 IP 的地位如何呢，很多资深篮球迷都认为——乔丹是全世界历史上最伟大的篮球运动员。

同样，对于看电影的人来讲，提起张艺谋，脑海里会浮出“大导演”三个字；对于喜欢听相声的人来讲，提起郭德纲，会把他和“知名相声演员”关联起来。这些知名的各行各业的 IP，都在“粉丝的心智空间”里成功打造了自己的 IP 人设。

IP 人设定义的第三层含义强调“粉丝心目中”。

话说回来，如果张艺谋在一个从不看电影的人心目中，是个失败的导演，或者郭德纲在那些从不听相声的人的心目中，是一个低俗的相声演员的话，你也不能说他们的 IP 人设的经营很失败。因为，那些人，根本不是“他们的菜”。

尤其是腰部 IP，资源精力有限，重点是服务好自己的精准用户，听取他们意见，调整自己在这些精准用户心目中的 IP 形象和 IP 地位。至于那些“吃瓜群众”的看法和意见，一般不重要。记住，腰部 IP 不要在意“吃瓜群众”想什么。

由此，我们可以进一步得出一个结论，那就是：

所谓成功的 IP 人设，就是 IP 在粉丝心中占据一个 IP 形象的制高点。比如卖红酒的“醉鹅娘”，在许多粉丝心目中她就是最懂红酒的荐酒师，会帮你推荐在不同场合、接待不同人的时候最适合的红酒。

Part 2 有效打造 IP 人设的三条路径

那么，如何有效打造 IP 人设呢？

有快、中、慢，三种方法，结合来使用：

做产品

这是最慢，但也是最牢靠的方法，往往需要几年，十几年，甚至一辈子。把一款产品或者服务，做到极致，真正地解决某一类用户一个痛点，或者解决一个大家关注的社会问题。比如董明珠做空调30多年，人们提起这个IP，自然会把她和空调画等号。101分的爆品最能代表IP人设，这是最靠谱的一种打造IP人设的方法，但是这种方法，操作起来很慢。

发内容

需要至少一年，甚至几年，持续输出和你的IP人设一致的内容。举个例子，如果你想塑造一个健身达人的IP人设，你可以在直播间里讲如何在健身房练出六块腹肌，你可以在自己朋友圈里展示你每天跑步的照片。说比做快，但是同样的事情，需要你持续地说，用户才会信。如果你今天直播健身的内容，明天换成美食介绍，就容易造成混淆。所以，需要持续在某一个方向输出内容，才能把用户“说服”，这就比做产品快多了。

关键词

打造IP人设，有没有比输出内容更快的方法呢?

有，那就是提纯出IP人设的关键词，把这些关键词直接展示给你的目标受众。IP人设最核心的关键词有三类：IP名称、IP口号、IP标签。

IP名称，我们已经讲过了，接下来，主要来说如何做IP口号和IP标签。

Part 3 快速通道，用IP口号展示IP人设

IP口号，即IP的Slogan，其作用是用几个词或者一句话说明腰部IP能为目标用户解决什么问题，实现什么价值。从这个角度看，IP口号和企

业使命有相似的地方，都是向目标用户阐释自己的价值。比如阿里巴巴的口号是：让天下没有难做的生意。

任何一个腰部 IP，相比于头部 IP 而言，都有更垂直的一类用户、更精准细分的市场需要满足，因此 IP 口号也需要更加精准。下面我们通过一个案例来看看，腰部 IP 的 IP 口号，是如何做的。

“1~6 岁英语启蒙，省心不费妈”

这是一个典型的腰部 IP 的口号，看到它，你会想到什么呢？我想一定有以下三点：教孩子英语的；适合 1~6 岁的孩子；能减少家长麻烦。

这正是来自杭州的周老师，想通过自己的 IP 口号，向那些 1~6 岁的孩子家长传递的重要信息。周老师是“萌娃玩英语”的创始人，深耕儿童英语启蒙很多年，当一个四五岁孩子的家长，因为不知孩子英语该如何启蒙而焦头烂额的时候，看到这样一句话，无疑像是抓住一根救命稻草。

从这个案例，我们也不难发现腰部 IP 口号包含的三个关键信息：

（1）目标用户：精准的受众。

（2）服务产品：提供的产品或者服务。

（3）核心价值：能解决的问题。

在这里核心价值是关键，是需要首先阐明的，而目标用户和产品服务，往往都隐含在 IP 口号里。比如：“用电那点事儿，就找电小二”。

这是一个叫作“电小二”的 IP 口号，“电小二”本名刘岩，是一位电力专家，他是帮中小企业提供用电服务的。这句话呢，就是典型的腰部 IP 口号，虽然在 IP 口号里没有明确出现目标用户，也没有明确出现提供的产品和服务名称，但在 IP 口号里，其实目标用户的指向十分精准，就是那些在用电过程中，出了事，需要“平”事的中小企业（大企业一般都有自己的电力部门），提供的服务就是和“用电”相关的事情。

Part 4　走捷径，用 IP 标签展示 IP 人设

IP 标签，是重要的彰显 IP 人设的方式。有时候，单独看 IP 标签，就能秒懂和你交谈的人的 IP 人设。做 IP 人设有三种方式，我们分别用三个案例解析说明。

把 IP 招牌菜作为 IP 标签

“拉货、搬家、运东西”这个 IP 标签为什么好？

对于“快狗打车”这个 IP 来讲，这是一个非常棒的 IP 标签。因为，这个 IP 标签清楚地向目标用户传递了一个“快狗能帮你做什么”的 IP 人设，那就是拉货、搬家、运东西。

因此，做 IP 标签的第一个方法，是直接把 IP“招牌菜”，以关键词的形式，展示出来。让人知道，你是卖什么的、做什么的。

用 IP 形象作为 IP 标签

你想在目标用户的心目中打造一个什么样的 IP 人设，你就把这个 IP 人设，直接写在你的标签里。

比如，你想在宝妈心目中树立育儿专家的 IP 人设，就可以把“亲子养育专家”作为自己的 IP 标签，想把经验丰富的旅行达人作为自己的 IP 人设，就可以把“10 年走遍 150 个国家”作为自己的 IP 标签。

这里需要注意的是，这一类 IP 标签里的角色越少越好，最好不要超过三个。

用 IP 调性作为 IP 标签

比如，一位资深职场女装设计师，在自己的微信号、小红书、抖音等账号上，把简约、大气、时尚三个词放在自己账号头像下面最显眼的位置，这就是典型的把 IP 调性作为 IP 标签。

综上所述，有快、中、慢三种不同的方法为腰部 IP 打造人设，建议三种方法配合使用。如果想快速打造 IP 人设，有一条捷径，那就是打磨

IP 名称、IP 口号、IP 标签，然后把这三个 IP 人设的关键词持续曝光，展示给目标受众。

“虎”动时刻

想一想，你的 IP 标签是什么？为什么你会选择这样的 IP 标签？

扫码，听听虎哥怎么说。

第五节
还发名片？过时了，用 IP 海报

上周六参加一个朋友的婚礼，宴会上坐在我左手边的是一位开书画院的长相富态的老大哥，他给我发了一张他的名片，然后问我要名片，我说，我公司已经快 10 年没印过名片了。

老大哥有些不解，接着，我们加了微信，我通过微信发给他一张我的 IP 海报（如图 2-2 所示）。周日，这位大哥通过我的 IP 海报，买了我公司一份 399 元的“虎帮 IP 打造 ABC”的线上课程，而我却在那天婚宴上，不小心把老大哥的名片遗忘在餐桌上。

你在宴会上、酒会上，或者见到陌生人的时候，还在发名片吗？

过时了，赶紧做一张自己的 IP 海报吧。

图 2-2　虎哥 IP 海报

Part 1 腰部 IP，需要一张让人“主动扫码”的 IP 海报

头部 IP 的几百万的粉丝大多在抖音、小红书等账号上，不需要做私域流量，更不需要加粉丝的微信，但是腰部 IP，一定要把自己的精准粉丝放到自己的私域流量池里。通过什么“引流”呢？需要一张 IP 海报。来作为腰部 IP 的引流名片。

每一位腰部 IP，都需要一张 IP 海报，在线上线下各种社交场合和各种微信群，把精准粉丝和潜在用户导入自己的微信、视频号、公众号。

怎么通过一张 IP 海报，把粉丝导入自己的私域流量池呢？这就要说到 IP 海报的五大核心元素了：

二维码：一般会选择把微信二维码放在 IP 海报上，关于二维码相关的内容，详见 Part 2。

IP 人设照片：能体现 IP 人设的照片。

IP 视觉锤：一看就知道 IP“干什么”的视觉元素。

IP 人设三件套：IP 名称、IP 口号和 IP 标签。

IP 高光事件：让粉丝“变厉害”的事情。记住，不是展示腰部 IP 自己多厉害、多特别，而是通过高光事件证明你能让粉丝变强。

Part 2 IP 海报上，放什么二维码？

微信生态里，能生成二维码的有个人微信、企业微信、公众号、视频号、微信群，还有各种产品销售链接，这么多的二维码，IP 海报上只能放一个，到底放什么二维码呢？

可以按照这样的顺序来放二维码：

个人微信 / 企业微信二维码；

企业微信群 / 微信群二维码；

视频号 / 公众号二维码；

产品销售链接二维码。

为什么是这样的一个顺序呢？

这里有一个“放码逻辑”：交情在前，交易在后。

首先，把精准粉丝导入个人微信或者企业微信，可以随时一对一与用户互动，精准运营腰部 IP 的私域流量。

其次，个人微信或者企业微信，存在被封号、停用等风险，尤其是短时间内加人太多的话，这时候选择微信群或者企业微信群的二维码。企业微信群，一个群满了以后可以自动生成新群，如果扫码的人比较多的话，最好用企业微信群的二维码。视频号和公众号不能实现一对一沟通或者一对多的随时沟通，它们的二维码放到第三位。

之后，当交情攒够了，或者当腰部 IP 当前阶段主要目标是变现而不是“引流”的时候，可以直接放产品销售二维码，进行变现。

Part 3 你帅得和自己的 IP 一毛钱关系都没有

在 IP 海报上，腰部 IP 的照片居于最核心的位置，也是占空间最多、最显眼的关键部分，这时候如何选择照片就很关键了。我先说一个有关 IP 海报的真实故事。

一起玩吉他的虎哥的朋友 Jack 张，除了是一名有十几年丰富经验的专业律师外，还是一名很有调性的摇滚歌手。去年他从某知名律所辞职创业，为了拓展业务，也做了一张自己的 IP 海报，往各种群里发。但是很奇怪的是，很少有人扫他 IP 海报上的二维码，主动加他微信咨询业务。

后来，他把自己的 IP 海报发我给看。我发现了原因，他 IP 海报上的照片太帅了：

帅到和自己的 IP 一毛钱关系都没有。

他海报上的 IP 照片，是一个戴着墨镜，梳着一头小脏辫的摇滚“老炮”形象。而他的目标用户，需要的是一名专业严谨的律师。一个官司缠身正焦头烂额的人，怎么可能请一个放浪不羁的摇滚“老炮”帮自己打官司呢？

这件事，给了我一个巨大的启发。IP 海报上的 IP 人设照片，并不是越帅越好，而是要和目标用户心目中的 IP 人设，保持高度一致，如果不一致，就需要立即调整，否则会像这位摇滚律师一样没生意。

比如一个叫“电小二”的腰部 IP，他是为企业提供用电服务的，原先的 IP 海报上，是西装革履的职业经理人的帅照。很多人不知道他是干什么的，甚至产生了误解。后来，在我们的建议下，把照片换成戴着电工帽和绝缘手套，身着电工服的电力专家形象。这样粉丝一下就知道他是干什么的了。

Part 4 IP 视觉锤，一秒钟让人知道你是谁

很多人在做 IP 海报的时候，会遇到一个困惑，那就是不知道怎么充分体现自己的 IP 人设，除了 IP 人设照片之外，还有没有其他办法呢？这时候，你可以用 IP 视觉锤。

所谓 IP 视觉锤，就是一看到某个图片或者符号，就能让受众和你的 IP 人设相关联，就能知道你是干什么的。

每一个行业、每个岗位，都有这样的标志性元素。

比如，如果你是一名跑步教练，跑道、跑鞋，都可以作为你的 IP 视觉锤；如果你是一名歌手的话，五线谱、麦克风、吉他都可以是你的 IP 视觉锤。这样的例子非常多，这里不一一赘述。在设计自己 IP 海报的时候，如果能把自己的 IP 视觉锤也放进去，IP 人设就能得到更充分的表达。

Part 5 IP 人设三件套，高光事件

IP 海报上的文案包括两部分：

一是 IP 人设三件套，即 IP 名称、IP 口号、IP 标签

做 IP 海报的时候，最好三项都能体现在 IP 海报上，如果不行，就两

两配合，比如 IP 名称 + IP 口号，或者 IP 名称 + IP 标签。IP 人设三件套单独使用其中的任何一项，都很难在文字层面上把 IP 形象地位表达充分。

二是 IP 高光事件

千万记得，IP 高光事件是让粉丝“变厉害”的事。

IP 高光事件不是某一年你当选为某某协会的主席，不是你那一条播放量超过 2000 万的视频，或者你某一场直播到账了 100 多万元，或者你如何白手起家成为你们村首富，这些只能说明你很厉害，和粉丝无关。你最好简明扼要地用一个案例、一个小故事，在 IP 海报上说明：你曾经做过什么事，让用户变得厉害。

掌握了以上五个核心要素。你可以试着做一张自己的 IP 海报，下次见到陌生人的时候，不用再发名片，直接发 IP 海报，既好用又省钱。

最后，简单说下 IP 海报自助工具。

如果要求不是很高的话，就不用请专业设计师去花钱制作，完全可以自己做。其实，很多 App 都可以协助生成简单的 IP 海报，我个人用得比较多的是图怪兽、美图秀秀和 WPS。大家可以试试。如果你有更好用的工具，也可以推荐给虎哥。

“虎”动时刻

IP 海报上的 IP 人设照片并不是越帅越好，你同意吗？

扫码，听听虎哥怎么说。

第六节
拍摄一条让人叫绝的 IP 宣言短视频

如果说，图片比文字表现力强，容易抓住用户的注意力，那么视频的表现力比图片更强，信息量更大。

因此，在这样一个以视频传播为主的时代，仅仅有一张 IP 海报是不够的，为了在抖音、小红书、视频号、淘宝等公域流量平台持续获得私域流量，你还需要拍摄一条能吸粉的短视频——IP 宣言。

这条 IP 宣言短视频，你可以把它当作一分钟时长的自我介绍。说得更直接一点，IP 宣言就是你的吸粉短视频。这一节，咱们一起来看看如何拍摄一条让人叫绝的 IP 宣言。

Part 1　第一条短视频应该发什么

设想这样一个场景，你准备在抖音、小红书，或者快手、视频号上打造自己的 IP，你找了一个安静的地方，面对着明晃晃的补光灯，面向镜头，衣领上夹着收音器，录制自己的第一条视频，然后把这条视频发布到短视频平台上去。

那么，这条视频，应该是什么内容呢？

这是每一个有志于在各大短视频平台上做自己 IP 的人，都会遇到的问题。

你可以介绍自己的服务，可以展示你专业的设备或者厂房，也可以发一条用户对你的评价。如果你是卖杧果的，甚至可以拍下你在果园里，用锋利的砍刀切开一个硕大的杧果时果汁四溅的视频。

然而，在此之前，你有一件更重要的事情去做，那就是：

用一条 IP 宣言短视频让人知道：你是谁？你能解决什么问题？你的价值是什么？

第一条短视频，直接卖东西给用户，成交的概率不高，不如先激发观看者的兴趣，让目标用户关注你。

Part 2 腰部 IP 的 IP 宣言，就围绕这一句话

你有没有遇到这样的情况？

一些名人或者某行业的大佬，也就是头部 IP，当你接过他们递出的名片时，很容易“自惭形秽”。因为，那上面的各种头衔都很大，如联合国某机构中国代表、某协会会长、某集团总裁、某组织发起人。我曾经接到某老板的一张名片，头衔太多，名片正面放不下，又把背面全占满了。

但是对于大部分腰部 IP 而言，人微言轻，他们没得过大奖，也没有响当当的名号。这样一来，似乎做自我介绍的时候，就没有什么可说的。

其实，腰部 IP 拍摄自己的 IP 宣言时，完全没必要罗列那些名号，你只需要围绕一句话来展开，就可以引起目标用户的关注：

你到底能帮用户解决什么问题？

一条 IP 宣言短视频在拍摄的过程中，最核心的一点，不是服装、不是设备、不是环境，而是围绕这句话写出来的短视频脚本，下面我们看看腰部 IP 的 IP 宣言脚本该如何写。

Part 3 一个跑步教练的 IP 宣言

短视频脚本是 IP 宣言的灵魂。

如何写一个让人叫绝的 IP 宣言脚本，下面我们通过一个案例找出 IP 宣言脚本的要点。

小张是一名资深跑步教练，她的两个 IP 宣言脚本，一个是打磨之前的，一个是经过虎帮打磨的。

版本 1——打磨前的 IP 宣言

您好，我是小张，一名资深跑步教练。

我毕业于北京体育大学，接受过系统专业的跑步训练，参加过 100 多场马拉松，最好成绩是 2 小时 48 分 39 秒，是曾经的马拉松女子组亚军，也是国家田径队的一级运动员。

2010 年退役后，我开始在一家跑步俱乐部做跑步教练，同时也是千岛湖最大的跑团——湖乱跑的团长，到现在做跑步教练已经 12 年了，培养了好几个成绩进入 3 小时的全马选手，帮助不少人通过跑步成功减肥，让许多人用跑步重新获得了充沛的精力、养成了跑步的习惯，是樊登、王石、俞敏洪等知名人士的私人跑步教练。

所以，如果想跑步的话，一定要来找我啊！

版本 2——打磨后的 IP 宣言

想通过跑步减肥，担心体重太大跑坏膝盖，怎么办？

想通过跑步让自己激情四射、充满干劲，从何做起呢？

想要养成良好的跑步习惯，但总是“三天打鱼，两天晒网”，我该怎么办？

……

如果你，遇到这些问题，那么，这条视频，你一定要看完。

你好，我是小张，一名资深跑步教练。

在过去的12年时间里，我帮助过几十位200多斤的大胖子，通过跑步，安全成功减肥；用跑步，帮几百名工作没干劲，容易陷入疲劳的朋友，重新恢复精气神；带领几千名伙伴，建立起了良好的跑步习惯。

同时也是樊登、王石、俞敏洪等知名人士的私人跑步教练。

所以，如果你，想要跑步，加个关注。

我们对这两条IP宣言的脚本做个对比，会发现有很大不同，正是腰部IP在写IP宣言脚本的时要关注的：

版本1一直在讲“我很牛”，版本2一直在讲“我有用”，即我能帮助目标用户解决什么问题。做IP宣言，一定要记得：“我有用”比“我很牛”重要100倍。

版本1把“我是谁”放在最前面介绍，版本2把“你的问题”放到最前面，即把目标用户的挑战放在最前面。做IP宣言一定要把“你的挑战”放在“我”前面。

版本1不够聚焦，一会儿说自己作为教练的优势，一会儿说自己当运动员时的辉煌战果。而版本2聚焦于资深跑步教练的优势。

结尾处版本1没有具体动作指向，而版本2有“关注”的引导。

Part 4 用这四步，拍一条让人叫绝的IP宣言

撰写IP宣言的目的，就是让看到这条视频的目标用户关注你，和你联系。目标用户，不会因为你多牛，你是谁，就关注你，而只会因为你能帮他们解决一个具体的问题而关注你。后己而身先，是IP宣言的流量密码。

通过上面两个版本IP宣言的对比，我们不难发现一个90分的让人叫绝的IP宣言脚本。如果按60秒的短视频长度来计算，从头到尾应该按这样的顺序和布局拍摄：

第一步：点明用户面临的挑战与问题，引发共鸣，提起目标用户兴趣，15秒完成。

第二步：简短说明“我是谁”，用 IP 名称 +IP 口号 +IP 标签构成的十几个字的 IP 人设就可以，5 秒完成。

第三步：用案例、故事、数字、权威背书等方式说明你是如何解决那些用户关注的问题和挑战，以及你的优势，为什么非你不可，用 35 秒完成。

第四步：明确动作引导用户关注、转发、评论或者点赞，5 秒搞定收尾。

“虎”动时刻

做 IP 宣言说自己“多牛”，根本没用，同意吗？

扫码，听听虎哥怎么说。

第三章

IP 矩阵——再小的 IP，都有 IP 矩阵

第一节
想以小博大，就做 IP 矩阵

一个头部 IP，拥有几千万粉丝，随便发个短视频，就能入账十几万元，做一场直播，动辄到账几千万元，甚至几亿元。

但是，一个只有几万，或者几千粉丝的腰部 IP，做场直播，不要说到账几百万元了，有时看直播的都没几百人。

在这种困境下，如何让自己的直播间热闹起来成功变现呢？如何用腰部 IP 的“小身板”，撬动“大资源”呢？

答案是：做 IP 矩阵。

想要以小博大，一定要做 IP 矩阵。IP 矩阵，就是“一个好汉三个帮”，IP 矩阵就是一起上的“狼群”战术，就是为一个主 IP，配上多个副 IP，搭建起高效的线上协作团队。来看一个真实案例。

Part 1 一个腰部 IP，三天到账 1000 多万的秘密

舟舟之前是做传统电商业务的，从 2013 年开始，在京东、淘宝和两个闺密卖颈椎按摩仪。凭借很好的供货渠道，她赚了些钱。但是 2016 年之后，在平台买流量的钱越花越多，利润越来越薄。2017 年，她不想再

被平台绑架，用一年多的时间来做自己的 IP 和社群。

2018 年的“双十一”，卖颈椎按摩仪的舟舟，并没有像往年那样，提前两个月就开始参与京东、淘宝上的各种促销活动，也没有花一分钱开直通车买流量。

然而，从 11 月 9 日 20 点开始，到 11 月 11 日 24 点结束，三天多的时间里，400 多块钱一台的颈椎按摩仪，竟然卖了 1000 多万元，远远超出了她的预期。

舟舟并不是什么大 IP，她的视频号才有 1000 多粉丝，抖音账号有 7 万多粉丝，5 个微信号一共才有 2 万多粉丝，是一个典型的腰部 IP。

为什么这样一个不起眼的“85 后”宝妈，能在短短三天时间内，不花一分钱买流量，却干出不亚于头部 IP 的销售业绩呢？因为她有爆发力极强的 IP 矩阵——一个腰部 IP 矩阵，所以能干出头部 IP 的业绩。

Part 2 用腰部 IP 矩阵，干出头部 IP 的业绩

也许，此刻的你，也和曾经的舟舟一样，正面临这样的困境：做了很多年生意，积攒了很好的口碑，有一批一直使用自己产品的天使用户。这几年，生意越来越难做，于是开始搞线上营销。

在抖音上做短视频，在视频号上开直播。然而，看到别人风生水起，短视频动辄有几百万浏览量，几万个人在直播间互动，而自己的直播间却“门前冷落车马稀”，一直做不起来。

这时候，到底如何破局呢？

答案是：做 IP 矩阵。

话说回来，为什么腰部 IP 舟舟的业绩，能够堪比任何一个知名头部 IP 的单场直播销售额呢？一个重要原因，是因为她有自己的 IP 矩阵。在她的 IP 矩阵里，有 500 多个一级营销 IP，18000 多个二级营销 IP，在同一时间，在线上，用同样的工具、话术，在卖同一款

颈椎按摩仪。而这18500多个营销IP，在当地，在自己的社区，都有一定的影响力。某种意义上，你可以说他们都是自己圈子里的腰部IP。

因此，舟舟的成功——“双十一”期间零投放，三天到账1000多万元，可以说是18500多个腰部IP的成功，是腰部力量的崛起。1000多万元的业绩，不是舟舟一个人卖的，而是18500多个分布在全国各地的伙伴一起卖的。

因此，我们可以得出这样的结论：

腰部IP一定要做自己的IP矩阵。因为只有通过多个腰部IP组成的联盟，才能弥补流量的不足。

Part 3 做IP矩阵，千万别掉进这一大坑

一提到IP矩阵，很多以前做微商、新零售的，就会觉得IP矩阵其实就是微商2.0版本，就是把之前各自为政的分散的微商弄在一起，这是做IP矩阵的一个大坑。那么，到底什么是IP矩阵呢？一句话：

IP矩阵是多个IP的联盟和协作分工。

虽然IP矩阵里90%的IP也会选择在微信群、朋友圈卖东西，但是这些IP和普通微商比起来，有很大的不同，主要体现在三个方面：

第一，有IP人设

IP矩阵里卖东西的一类IP，很少有人把自己打造成销售人员，他们要么是你的家庭理财师，要么是你的健康私人顾问，要么是你值得信任的一位懂穿搭的闺密，总之，都会有一个IP人设。

第二，先卖自己，再卖产品

你被微商添加微信后，很可能立即会收到一个产品购买链接。但IP不会一上来立即给你推荐产品，或者邀请你加入一个卖货群，而是在建立基本的信任后，再有节奏地进行产品或服务的推荐。

第三，持续内容输出

微商的朋友圈，没有内容，大部分是产品广告。而 IP 的朋友圈，以内容输出为主，广告反而很少。

IP 矩阵里的联盟和协作分工，一定是 IP 之间的联盟和协作分工，而非微商的联盟和协作分工。避免掉进这个大坑，就不会把 IP 矩阵做成微商联盟，就会避免没人设、没粉丝，接二连三地被人拉黑的尴尬。

Part 4 用两个角色四大类型，搭建你的 IP 矩阵

想做好 IP 矩阵，一定要了解 IP 矩阵里的两个 IP 角色，还有 IP 的四个重要类型。

先说清主 IP 和副 IP 这两个角色。

比如，在舟舟这个腰部 IP 的大社群里，虽然有大大小小许多腰部 IP，他们分布在全国各个小区、微信群里，但是，这些腰部 IP 和舟舟这位社群意见领袖相比，都属于从属地位。

一个社群里的大 Boss（老板），我们称之为主 IP，其他 IP，都围绕这个 IP 进行协作分工，处于从属地位，我们称为副 IP。

再来说说 IP 的四大类型。

比如，在舟舟的 18000 多个副 IP 里，小李是负责社群服务、社群活动组织的，小张是负责视频号、抖音内容输出的；有一位舟舟请来的享受国务院特殊津贴的退休老教授唐老师，是保健专家，经常给大家普及健康知识，在线上直播上课；而舟舟的闺密小兰和其他分布在全国各地的伙伴，每天最主要的任务就是持续在各个平台输出内容，打造自己“颈椎健康大使”的 IP 形象，获得粉丝的关注和信任后，向他们推荐颈椎按摩仪。

舟舟自己呢，基本不卖货。她最主要的工作就是授课，通过各种线上、线下培训，给合作伙伴、用户持续输出有关健康的理念。

以上案例中就包含着四大 IP 类型：

（1）运营型IP。运营型IP如果细分的话，又可以分为社群运营和内容运营。比如舟舟团队里的小李就是社群运营型IP，小张则是内容运营型IP。

（2）搞技术、做产品、有手艺的专家型IP。比如舟舟请来讲课的退休教授唐老师，就是典型的专家型IP。

（3）带货卖课的营销型IP。这一类型的IP在IP矩阵里最多，主要是通过打造IP人设进行产品销售。比如舟舟团队里的小兰，还有该团队分布在全国各地的代理商、分销商，都是这一类型的IP。

（4）进行价值输出的牧师型IP。这一类IP，一般都是创始人担任，是主IP。

了解IP的两个重要角色，还有四大IP类型，是搭建IP矩阵的基础，下一节，我们就像搭积木一样来搭建你的IP矩阵。

“虎”动时刻

人手不够的时候，IP矩阵怎么搭建？

请留下你的想法。

扫码，听听虎哥怎么说。

第二节
这四步，搭建你的腰部 IP 矩阵

上一节，我们搞清楚了为什么腰部 IP，一定要做 IP 矩阵。

这一节，我们来看看，腰部 IP 如何搭建自己的 IP 矩阵。矩阵的搭建，就像设计企业的组织架构一样。人员安排得当，就能在线上产生“1+1>2”的效果，许多新媒体账号能源源不断地输出内容，不断有粉丝进入私域流量池。每天不管做直播，还是搞社群活动，都会持续变现。反之，要内容没内容，要流量没流量的账号，最终无法变现和裂变。

接下来，咱们用一个案例，来说明如何用四步搭建一个高效协作的腰部 IP 矩阵。

第一步 确定 IP 矩阵里的主 IP

2019 年开春，黑娃和小莪两口子在白鹿原混不下去，听小莪的哥哥——北京的二牛说，在北京卖肉夹馍可以赚钱，于是他们就在清华园附近开了一家卖肉夹馍的夫妻店。

黑娃烙馍、剁肉、夹馍；小莪站在店门口，给路过的人宣传“吃肉夹馍送粥”的优惠活动；二牛呢，在店里端盘子、洗碗，收拾桌子，招呼客人。

他们的店名字，叫黑娃肉夹馍，黑娃头上戴着白毛巾的大头照片印在门口的招牌上。同时，黑娃让二牛建了一个微信群，群名称叫“西安肉夹馍群”。店里没客人的时候，三人就在群里和粉丝互动。

你看，黑娃夫妇和二牛，在微信上搭建了一个自己的IP矩阵。很显然，黑娃是主IP，小莪和二牛是副IP。黑娃这个主IP的角色，是专家型IP：地道陕西人，做肉夹馍的“专家”人设。

搭建IP矩阵的第一步是确定主IP。

主IP是谁，它是四大IP类型中的哪一类，是牧师型IP、运营型IP、专家型IP，还是营销型IP？

一般而言，都是老板做主IP，主IP类型可以根据主IP的自身特点确定。比如黑娃笨嘴拙舌，只会闷头做出好吃的肉夹馍，他就是IP矩阵里的专家型IP。

第二步 根据主IP画IP矩阵图

“黑娃肉夹馍”由于馍大肉多，很是红火。

但是，生意刚好了一年，2019年春节，为了配合防疫工作，“黑娃肉夹馍”停止了堂食——不让客人在店里吃饭，店里流水从每天3000元，一下子跌到300元。就在快要关门大吉的时候，小莪突然想到，这一年他们还在微信上积攒了几千个粉丝。

于是，他们三人，把全部的精力用在线上，搞起了直播。

小莪申请了一个“西安肉夹馍”的视频号账号，直播解说黑娃做肉夹馍的真实过程，引导粉丝下单。除了店里的卤肉可以外卖，她还在直播间上架了三原蓼花糖、富平柿饼等陕西特产。此外，小莪还拉了两个闺密叶子和露露，在直播间里连麦互动，帮忙带货，根据销量给她们一定的提成。

与此同时，二牛也没闲着，在“西安肉夹馍群”里，发各种用户的评价、肉夹馍的照片，同时不断报告直播间的福利，让粉丝进入直播间下单。根据他们三个人的分工，我们可以做一个黑娃IP矩阵图，如图3-17所示。

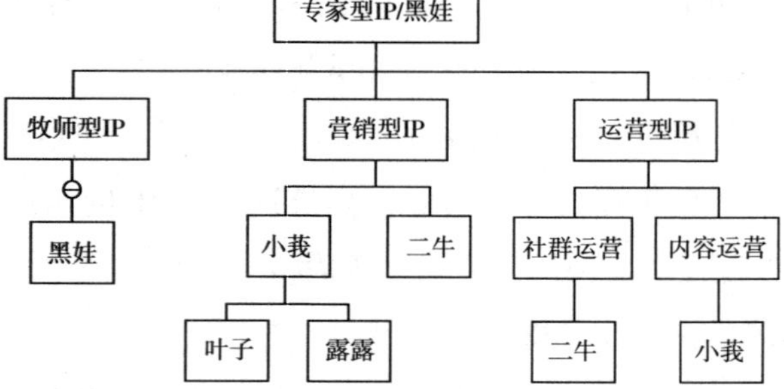

图 3–1　黑娃 IP 矩阵图

黑娃：主 IP，同时担任专家型 IP 和牧师型 IP。

小莪：副 IP，营销型 IP，同时帮助二牛生产内容，担任内容运营型 IP。叶子和露露算是小莪管理的二级营销 IP。

二牛：副 IP，社群运营型 IP，同时兼职营销 IP。

他们的分工协作，用这一张图就能看明白。

通过这个案例，我们可以看到所谓 IP 矩阵图，即腰部 IP 的线上组织架构图。一旦把 IP 矩阵图画出来，分工就明确了，工作效率就会提升。

第三步　规范标识，统一 IP 品牌形象

“西安肉夹馍”依靠二牛的私域运营，通过小莪每天七八个小时的直播，生意又慢慢好起来。到 2022 年 3 月，他们除了原先卖的东西，还直播卖陕西的油泼辣子、羊肉泡馍等地方特产。

然而，正在他们准备扩大规模，大干一场的时候，发生了一件事：网上出现了很多“西安肉夹馍”的新媒体账号和直播间，一些不明就里的粉丝经常下错单，加错关注。

在这种情况下，他们做了如下调整：

视频号、直播间都从原先的“西安肉夹馍”改名为“黑娃肉夹馍”，小莪 IP 名称改为“黑娃媳妇”。二牛的 IP 名称改为“黑小二”。经过这样

的操作，粉丝们很少再“认错门”了。

IP矩阵里所有的副IP，所有新媒体账号，其名称，都要和主IP的IP名称保持高度的“家族性”。可以从主IP名称里提取某个字，比如黑娃肉夹馍里的副IP，都姓“黑”。也可以加各种前后缀，比如樊登在西安的公众号可以叫“樊登读书西安”。

这样做的核心目的是，让粉丝一下就认出自己人，认出自己的账号，不要“认错门”“下错单”。

第四步 搭建新媒体账号矩阵

可是，在要求副IP改“姓”的时候，黑娃犯难了。

小莪的两个闺密——叶子和露露，不愿意改名字，她们不想姓“黑”。毕竟那是她们私人的微信号，黑娃也没办法。但是，两位美女还是愿意兼职帮黑娃推销陕西特产——毕竟她们也赚到钱了。

在这种情况下，黑娃做出了如下调整，建立起了IP新媒体矩阵：

首先，他让黑小二——原来的二牛，申请公司企业微信后，开通了10个企业微信号。除了发给叶子和露露每人一个，黑娃两口子和黑小二，也都人手一个，作为自己的工作号。这些企业微信号等相关人员辞职时，要收回来，而另外5个留着备用。

此外，除了原先视频号上的“黑娃肉夹馍”的账号由小莪管理，他们又在抖音、小红书、快手，分别开了3个同名的账号。这3个账号让黑小二、叶子和露露分别管理，每月支付200元的补贴。

这样一通操作，“黑娃肉夹馍”这个腰部IP的新媒体账号矩阵就形成了。

通过以上案例，我们有几点启发：

副IP的微信工作账号，要单独申请，不要和副IP的私人号混为一谈。并且明确所有权和使用权的归属，避免离职时造成用户流失。

始终以微信生态的私域流量为根本，有余力、有人手的时候，再向其他平台发展，扩大流量入口。

新媒体账号矩阵由 IP 矩阵决定。

要根据 IP 矩阵里的副 IP 的数量，以及他们的内容运营能力来定账号的数量和种类。比如，你有 3 个副 IP 会做抖音，2 个会做视频号，那就开 3 个抖音和 2 个视频号账号。IP 矩阵，决定了新媒体账号矩阵。

以上，用一个案例故事，描述了腰部 IP 搭建自己 IP 矩阵的四个关键步骤，他们分别是：

确定 IP 矩阵里的主 IP；

根据主 IP 画 IP 矩阵图；

规范标识，统一 IP 品牌形象；

搭建新媒体账号矩阵。

最后我想说，再小的 IP，都要有 IP 矩阵。不管你是十来个人的小团队，还是夫妻店，想以小博大，想搞好线上营销，一个人是不行的。去把朋友充分调动起来，他们不一定在你这里拿工资，但可以把你的 IP 矩阵做起来。

“虎”动时刻

在哪个 App，开多少个新媒体账号，最终是由腰部 IP 的 IP 矩阵决定的，你认可虎哥这个观点吗？

说说你的看法。

扫码，听听虎哥怎么说。

第三节
吸粉，就靠牧师型 IP 和专家型 IP

2022 年 8 月 11 日 19 点，小米 12 周年庆，雷军的年度演讲如约而至。

前半部分，雷军讲述了自己跌宕起伏的创业历程；后半部分，是一个多小时产品发布会，发布的是小米手机、平板电脑、机器人等。

当晚，雷军的演讲结束不到 10 分钟，一件非常“诡异”的事情发生了。

我朋友圈里，很多朋友表示，要把手机或者电脑换成小米的，还有朋友表示要把家里的所有家电设备，全部换成小米的。

问题是，这些朋友大部分都没有看雷军后半场的产品发布会——根本不知道雷军发布了什么产品，更不了解这些产品的性能如何。

为什么会这样呢？

Part 1 雷军不会告诉你的发布会大卖秘密

要想理解雷军年度演讲之后，粉丝这种疯狂的“买买买”行为，你一定要了解牧师型 IP。

所谓牧师型 IP，就是像牧师一样输出价值观的 IP。

雷军其实就是一名牧师型 IP，而牧师型 IP 尤其擅长向外输出价值观。

这种价值观可能是一种生活态度，一种信仰，一种理念，也可能是你对某件事的看法。

一旦你接受了牧师型 IP 传递的价值观，就意味着你接受了这个 IP，就会轻而易举地接受他的产品。这就是“爱屋及乌”，接受一个人总是从接受他的价值观开始的。

比如，雷军 8 月 11 日的演讲的前半部分，他用自己的亲身经历，非常真诚地回答了一个所有听众都会面对的问题：

如何度过自己的至暗时刻？

他给出的答案，他坚定的信念，激起了广大网友的极大共鸣。他的答案，其实就是他演讲的主题：

永远相信，美好的事情即将发生。

这句话当晚就刷爆了朋友圈，获得了粉丝的极大认可。而当粉丝认可一个 IP 的价值观的时候，离认可他这个人，还有这个人身后的产品也就不远了。

从这一点来讲，牧师型 IP 的吸粉体质源自他的价值观。而这种价值观，往往被“成功”证明过。不管这种成功来自商业上、艺术上还是体育上，因为只有“成功”的价值观才有受众。换句话说，雷军的价值观之所以会被认可，那是因为他是雷军，而非路人甲。

Part 2　搞定这三个问题，轻松打造牧师型 IP

我们通过三个关键问题，来看看牧师型 IP 如何经营？

问题一：谁最适合做牧师型 IP？

回答一：一个“成功过”的当家人是牧师型 IP 的最佳人选。因为他最了解一个团队的起起伏伏，最能代表一家企业的价值观，因此让他向外传递产品服务里面的精神内涵，是再合适不过的了。

另外，因为他成功过，才有人相信他讲的话。

问题二：牧师型IP如何传递价值观?

回答二：最简单，也最有用的，就是IP故事。最起码可以讲三类故事。

第一类是“IP故事”，你从哪里来，如何面对挑战，你坚持什么，反对什么。比如雷军讲自己在至暗时刻，始终相信“美好事情即将发生”，

第二类是“产品故事”。同样是雷军，一直讲小米产品的高性价比，配置高、性能好，只赚5%的利润。这个产品故事，变着花样，他每年演讲都会讲，持续输出小米产品极致追求高性价比的价值观。

第三类是“用户故事”。我印象深刻的是小米的《100个梦想的赞助商》，这是小米为向支持过自己的铁杆用户致敬而拍摄的微电影。传递了小米对用户重视、感恩的价值观。

问题三：牧师型IP本身不具备内容生产力，怎么办?

回答三：解决方案有两个，一是依靠内外部的内容团队，为牧师型IP提供内容素材；二是通过系统学习进行自我提升，让自己拥有内容输出力。

Part 3 谁说内向的手艺人不适合做IP?

腰部IP，很多都是手艺人，都是某一个领域的专家，某个行业的技术“大神”。长期以来，他们专注于某项手艺、某个技术、某款产品，他们往往都是内向的人，不太擅长公众表达。

如果你觉得成为伶牙俐齿的人，离自己有一定距离，那么成为专家型IP，就成了首选。

所谓专家型IP，就是用内容打造专家人设的IP。不管你是律师、医生、品酒师，还是健身教练、果农，都可以走“专家型IP”的路线。可以预见，在不久的将来，专家型IP将会在各个新媒体平台，如雨后春笋般大量浮现，这是未来十年腰部IP最容易获得突破的一个赛道。此外，从内容生产来讲，专家型IP的内容输出最易操作，难度最小。举个例子，一位不善言辞的画家朋友，在直播间里，一句话都不说，就是默默在雪白

的纸上创作，他的爱人拿着手机全程直播他作画的过程。一幅画还没画完，立即会被直播间的粉丝拍走。

专家型 IP 的吸粉体质源自他的专业。

不论是从趋势方向，从 IP 自身条件，还是从执行难易程度来讲，有手艺的人，通过各种技术平台的加持，在各大 App 上不断展示自己的专业度，更容易获得粉丝关注，更容易成为腰部 IP，且是专家型 IP。

Part 4 用这三步孵化一个专家型 IP

专家型 IP 的孵化，紧紧围绕一句话来持续进行内容输出，这句话就是“说我所做”，具体来讲，可以按照三步进行：

第一步，找人说

说我所做的“说”，可以是腰部 IP 自己说，也可以是别人说。

很多技术大拿、产品专家、手艺人，都不善言辞，甚至根本不愿意面对镜头，这样怎么输出内容？可以像我前面提到的那位画家朋友一样，找人来帮自己说，自己不用开口。这个人，可以是自己身边的人，也可以找专业的团队。

第二步，挑着做

说我所做的“做”，是让专家型 IP 把最出彩、最能吸引粉丝眼球的那一部分“绝活”在镜头面前“做”出来，当然并不是让专家型 IP 事无巨细地展示所有专业动作和过程。比如那位画家朋友，只会展示画画的精彩过程，研磨、调色、装裱等不出彩的过程虽然也很专业，但都没展示。

第三步，持续播

不管是在朋友圈发图片，在抖音、快手上发短视频，还是在视频号上开直播，有一点很重要——一旦开始，就不要停，要持续地输出内容，持续地播，这样才能源源不断地获得精准粉丝的关注。

这一节，我们把牧师型 IP 和专家型 IP 放到一起来讲，是因为这两者有一个共同点：都具备吸粉体质。牧师型 IP 是通过价值观的输出获得认可，而专家型 IP 是通过展示专业度获得粉丝关注。

“虎”动时刻

内向的手艺人不适合打造 IP，对吗？说说你的理由。

扫码，听听虎哥怎么说。

第四节
攒交情，不能没有运营型 IP

一个由 3 个人组成的腰部 IP 矩阵，共有粉丝 300 多人，没有线下门店，疫情期间的年销售额依然能到 2000 多万元，怎么做到的？

答案是：运营型 IP。

这一节，我们通过独立服装设计师小莫的案例，说清楚三个问题：

1. 为什么腰部 IP 一定要做运营型 IP？
2. 什么是运营型 IP 及其类型？
3. 运营型 IP 需要做哪些事情？

Part 1 只有 300 多个粉丝，年销售额却达到了 2000 多万，凭什么？

大美是上海一家世界 500 强企业的财务总监。2019 年夏天的一次商务酒会，一个叫小莫的独立服装设计师来分享职场女性如何得体穿搭，她觉得很实用，就加了小莫的微信，随后加入了“小莫爱穿搭”的微信群。

“交易之前攒交情”，这是小莫经常说的一句话。

小莫的助理小李，经常一对一私信大美一些好玩的活动，而且让大美特别难忘的是，自从她加入这个微信群，一年多来，虽然一分钱的衣服都没买，但是端午节、中秋节、春节等节日，她总会收到小李送给她的私人定制的各种礼品，2020年生日，她收到一条印着自己名字的定制丝巾，大美特别喜欢。

2021年的公司年会，大美要做主持人，不知道穿什么衣服合适。这时候，看到了小莫另外一个助理小兹在微信群里发了一条冬季职场女性商务场合着装的视频，其中一套职业套装让她非常心动。于是她果断下单，花了5万多元，在小莫那里定制了一套非常满意的职业套装和七八件配饰。

小莫的公司一共有三个人，她自己作为主IP，副IP是两个助理小李和小兹。她家60%的会员在上海，40%集中在杭州、苏州、宁波，虽然只有不到300个会员，但是这些会员几乎一年四季的所有的职业装都在她这里量体定制，三个人一年也能做2000多万的营业额。

这些会员不但复购率非常高，而且经常拉上自己的同事、闺密参加小李线下组织的插花、茶艺等活动，转介绍的意愿也很强。每次会员推荐新会员成功后，小李都会为这个会员准备一份精美礼品，因此转介绍的成功率也很高。

关于粉丝，头部IP做数量，腰部IP做质量，这句话在小莫身上得到了验证。

这是一个虎帮服务过的真实客户，在很多服装店惨淡经营的疫情期间，一个三个人的腰部IP小团队，没有专职的销售，粉丝不到300人，为什么还能保持2000多万的营业额？一个核心原因就是：

运营型IP。

Part2 腰部IP，把粉丝运营做重才能活下来

运营型IP，对腰部IP而言，存在的最重要价值，就是对粉丝的“重度精准运营”。所谓运营型IP，就是对粉丝重度运营的IP。

拥有几百万甚至几千万粉丝的头部IP，对每个粉丝重度精准运营，根

本不现实；腰部 IP，虽然只有几千甚至几百粉丝，对客户进行重度精准运营，就可行且必要了。

为什么腰部 IP 一定要对粉丝重度运营呢？

一个只有几千甚至几百粉丝的腰部 IP，如何才能持续有收入？有两条路径。

一是现有用户的持续复购

比如，大美开年会的时候是在冬季，让小莫给自己定制了一件羊绒衫，开春之后，又定制了一件适合在办公室穿的春季小礼服。

二是现有用户的持续推荐

比如大美 2021 年开年会穿的定制套装引起了台下坐着的公司市场总监小瑞的注意，于是大美又把小瑞介绍给了小莫。

用户的复购和推荐源自重度运营。

在产品越来越同质化的今天，要想让现有用户持续复购或者持续推荐，必须满足一个非常硬核的条件，那就是：

通过对现有用户的精准运营提升满意度。即随时随地了解用户的需求、痛点，并立即做出反馈。甚至帮助用户处理一些业务之外的事情。

比如，有次大美的孩子放学时家里没人去接，小莫就让小李帮忙从学校接孩子。再比如，大美的父亲生病住院时没有床位，小莫就找人帮忙落实床位。

Part 3 运营型 IP，把“弱关系”变成“强关系”

四大 IP 类型里，如果说牧师型 IP 和专家型 IP 都是“吸粉的”，营销型 IP 是“卖货的”，那么运营型 IP 就是“搞关系的”，即把粉丝和 IP 的关系，用各种运营方式从弱变强。而一旦形成强关系，再变现就水到渠成了。

根据“搞关系”的方式不同，我们把运营型 IP 分为两类，一类是用社群活动增强连接的，我们称之为社群运营型 IP。另外一类是用内容增强连接的，我们称之为内容运营型 IP。

比如在小莫这个案例里，小莫的两个助理，就是典型的运营型 IP。虽然都是运营型 IP，但是小李和小兹的职责和工作内容，有很大不同。小李负责会员社群线上的互动，线下茶会、插花活动的组织、执行。每次有这些活动的时候，摄影师出身的小兹不是在为会员拍照片，就是在录制视频。之后，小兹会把这些会员的照片用美图软件修得美美的，交给小李，然后小李会一对一地将这些照片推送给参加活动的会员，很多会员收到美美的活动照片后，都忍不住会发朋友圈。

除了处理活动照片，小兹还会把活动的视频剪辑好，发到小红书、视频号上，这些账号都和微信群同名叫“小莫爱穿搭”。

在这个案例里，很明显：

社群运营型 IP，是负责社群会员互动和活动运营的小李。

内容运营型 IP，是负责 IP 账号经营和内容生产的小兹。

Part 4 运营型 IP 的工作内容

很多腰部 IP 做私域流量池里粉丝的精准运营，尽管知道这事很重要，但是“老虎吃天——没法下口”，不知道具体该干什么，该怎么干呢？

虎哥为你罗列了两类运营型 IP 的主要指责，可以直接参考。

一、内容运营型 IP 的四大岗位职责：

1. 企划：选题是指制定月度、季度等“内容营销日历”。

2. 文案：不仅包含写视频和音频的脚本，根据海报和漫画的意图匹配文字，还包括起草标题，写关注引导文案、成交文案等。发布阵地不但包括视频号、公众号等媒体，还包括各类微信群、微信朋友圈。

3. 设计：包括活动海报设计，短视频封面设计，IP 矩阵的微信朋友圈封面设计，日常微信群里的互动海报设计，以及公众号里面的插图设计等。

4. 视频：视频的拍摄、剪辑。对于腰部 IP 而言，要把内容放在第一位，而不是拍摄和后期剪辑，建议尽量自己拍摄和剪辑。

二、社群运营型 IP 的五个角色：

1. 首席运营官：腰部 IP 社群的总负责人，负责制定规则和运营计划。

2. 首席赋能官：对天使用户进行赋能、培训。

3. 社群执法官：制定群规并负责执行。

4. 社群氛围官：负责搞氛围的人，比如群里的主持人、拍卖官等。

5. 社群惊喜官：经常发放福利的人，也是群里负责促销变现的人。

以上职责分工和角色加起来有八九种之多，如果腰部 IP 没有那么大的团队，怎么办？这种情况下，除了一个人身兼数职外，还可以邀请天使用户帮忙，或者借助外部专业团队的支持。

“虎”动时刻

为什么腰部 IP 需要对粉丝精准重度运营？才能活下来？

扫码，听听虎哥怎么说。

第五节
要想卖得好，营销型 IP 不能少

IP 矩阵的四大类型里，到目前为止我们讲了三个 IP 类型：

像牧师布道一样输出价值观的牧师型 IP，靠手艺吃饭、用专业吸粉的专家型 IP，通过精准重度运营把弱关系变成强关系的运营型 IP。

但是，有了粉丝，并与之建立信任之后，谁来负责销售产品进行转化呢？

这就是本节要讲到的营销型 IP。

Part 1　如何赋能你的 100 个营销型 IP

什么是营销型 IP 呢？看个案例：

安徽芜湖的小李，在朋友舟舟那里花 499 元买了一台颈椎按摩仪，放在自己的办公室，一边写 PPT，一边把按摩仪挂在脖子上进行自动按摩，用了一段时间后，脖子竟然不疼了。

小莫是与小李同一个办公室的同事，看到颈椎按摩仪效果不错，就通过小李的微信链接买了一台。小李立即收到商品售价的 20% 作为佣金——差不多 100 块钱。

这下小李开了窍：想到周围有那么多伏案工作的同事、朋友，他们的颈椎都不好，而且按摩仪质量不错，小李决定把推广舟舟的颈椎按摩仪，当成自己的一个副业来做，于是正式以兼职方式加入“舟舟天使群”，销售颈椎按摩仪。她以 5 折的价格进了 20 台按摩仪，放在自己的微信小店里销售。仅用一个月就卖光了，赚了差不多 5000 块钱，相当于她一个月的工资。

不知不觉，小李已经从一名普通用户变成一名合格的营销型 IP，成为舟舟众多营销 IP 中的一员。从上面的案例，我们可以得出结论：所谓营销型 IP，就是帮腰部 IP 卖东西的人。

那么，一个腰部 IP 应该如何孵化赋能自己的营销 IP，让 100 个、1000 个甚至更多营销型 IP 帮自己卖东西呢？

Part 2 第一步，让营销 IP 有人设

先帮营销 IP 把自己的 IP 人设做起来，这是打造营销 IP 的第一步。

当小李提出要成为舟舟的营销 IP 的时候，舟舟告诉小李，卖产品之前先把自己卖出去，这就需要把自己的 IP 人设先做起来。怎么做呢？最简单、最有效果的操作：改名、换图。

小李本身是一个注重保养和健康的人，她爷爷是老中医，她自己也懂一些调理保养的知识，于是小李就把自己的微信名从原先的小李改成“爱保养的小李”，头像和封面都换成了戴着颈椎按摩仪的照片。

这样一个小小的调整，没想到第二天就有一个大学同学私信她，问她脖子上挂的是什么，没说几句，那位朋友就从她这里入手一台颈椎按摩仪。

根据自己实际情况，做好 IP 定位，调整自己的朋友圈 IP 形象，优化自己的 IP 名称、标签，经营自己的 IP 人设，这是小李在舟舟的引导下迈出的营销 IP 的第一步。

Part 3 第二步，让营销 IP 从“想做”到“会做”

想做不一定会做，营销 IP 的第二步是工具方法的赋能。

小李把自己的 IP 名称和头像换了以后，经常有人问她“脖子上挂的啥？”，有些问题她能回答，但有些产品方面的专业知识，她是一点都不懂。另外，遇到朋友跟她要优惠，她也不知道怎么回答。为此，损失了好几个客户，她心里非常着急。

就在这个时候，小李参加了舟舟的两次线上直播培训。一次是针对产品的说明会，各种参数、细节、功能，老师在直播间都做了详细的介绍，并且发了视频、图片等产品资料。另外一次，培训的内容是“12FAQ 话术”是针对用户经常提到的 12 个问题，舟舟都给了回答的话术模板。

由于白天要上班，这两次培训，都是在晚上搞的，小李觉得这真是她的“及时雨”啊，做了详细的笔记，每场培训都听到半夜，连她爸都说“比上学那会儿还刻苦”。

经过这两次培训，产品知识、销售话术的问题解决了。小李再也不怕用户提问了，培训结束不到一周又出手了三台颈椎按摩仪。

Part 4 第三步，让营销 IP 获得 IP 内容力

所谓 IP 内容力，就是 IP 用内容获得粉丝的能力。

关于 IP 内容力，得到高研院的王牌打磨教练韩亮老师有一个叫作“韩亮 IP 内容力 30 讲”的课程，非常不错，你可以参考。

帮助营销 IP 获得持续输出内容的能力，这是为营销 IP 赋能的第三步。

精准内容带来精准用户。人人都知道这句话，但知易行难。同样的事

情发生在小李身上：

每天在朋友圈、小红书发什么？

脚本怎么写？视频该怎么拍，怎么修？

想自己做一张海报，用什么工具？

……

正在小李为这些问题犯难的时候，舟舟把她邀请进一个“天使素材群”。

在这个群里，前一天晚上 12 点前，会有人把第二天朋友圈要发的图片，配上相关的文字发到群里，会把拼团链接公布在群里，会把转发朋友圈的视频也公布出来。除此之外，在这个素材群里。小李和舟舟学会了视频剪辑工具的使用，也会用工具软件处理一些简单的海报。

经过一个多月的学习，小李的内容输出能力大大增强，除了从素材群里直接转发一些内容外，她开始在微信、小红书等平台自己制作一些个性化的内容。通过这些内容，在小红书上成功“种草”，并激活了朋友圈里的很多潜在的目标用户。

可以说，那个“天使素材群”就是一个进行内容生产的中央厨房，源源不断地给小李等营销 IP 提供素材，教给他们处理素材的工具、方法。腰部 IP 是一定要做内容中央厨房的，这让营销 IP 具备持续输出能力。本书第四章会详细介绍，这里就不赘述了。

Part 5 第四步，为营销 IP 的成交造势

腰部 IP 要通过“造势”让营销 IP 摆脱单兵作战的困局，而造势最好的方法就是“IP 私域直播”，什么是 IP 私域直播呢？看个案例：

成为舟舟营销 IP 的第二个月，小李通过一场直播卖了 20 多台颈椎按摩仪，一个晚上就赚了 5000 多元。这次直播给小李留下很深刻的印象，她这样回忆：

“舟舟姐要在‘双十一’活动时，从下午5点开始做直播，一直到凌晨1点。接到这个通知后，我提前三天，就把直播链接一对一地先发给身边颈椎不舒服的姐妹们，告诉她们‘双十一’晚上是入手的最好时间，对感兴趣的人，邀请她们进我的群‘小李双十一拼团群’。

“到舟舟姐直播前，一共有80多名姐妹进群。直播开始后，大家发现直播间挂的产品价格是官方价格499元一台。舟舟姐首先用专业的讲解，和两名铁粉的互动，让观众对产品质量非常认可。

“在这期间，我们推出了一个群内拼团的活动：3人成团，团购价459元，6人成团，团购价400元。当舟舟姐在直播间宣布这个只有在‘双十一’当晚才有的重大福利的时候，我把早已经准备好的拼团链接发在小李‘双十一’拼团群里，不到一分钟，一个3人团，一个6人团就拼好了。”

营销IP如果长期不成交，赚不到钱，就会退出。那么，营销IP怎么才能卖得好呢？

可以用上面这种一个主IP直播背书，多个营销IP提供私域流量并促成成交的模式，在几千个，甚至几万个微信群联合起来的线上空间里，制造一个巨大的群体狂欢的“场”。

借助这个“场”形成的势能和信任背书，再借助一些工具方法，小李这样的营销IP，成交难度会大大降低，销售产品会更容易。

上面说的这种造势的模式，就是IP私域直播的模式。我们会在第七章做详细介绍，这里不再赘述。

通过小李这位营销IP的案例，我们可以获得以下四点启发，如果一个腰部IP，想要孵化更多的营销型IP，想要他们卖得好，一定要做好这四点：

第一，营销IP有人设。

第二，让营销IP从“想做”到“会做”。

第三，让营销IP获得IP内容力。

第四，为营销 IP 的成交造势。

“虎”动时刻

想卖得好，为什么要尽可能地多打造营销型 IP？

扫码，听听虎哥怎么说。

第四章

IP 内容——精准内容，带来精准用户

第一节
1000 个赞比 10 个赞好，真的吗

很多人连什么是好内容都没搞清楚，就去做内容。这是腰部 IP 一定要避免的一个大坑。什么是好内容呢?

上周和几个朋友聚会，席间一位南方美女极力向我们推荐一道菜——鱼腥草。端上桌后，我一闻到鱼腥的味道，就差点吐出来。身为北方人的我，是特别受不了那个味道的。

然而，南方美女真的非常喜欢，一盘鱼腥草，几乎都被她吃掉了。看她把这种令其他人闻都不敢闻的“美食”津津有味地吃下去，一句话不由自主地浮现在脑海里:

人之蜜糖，我之砒霜。

而好的内容，何尝不是如此呢?

Part 1　知道什么是好内容，你才能做得好

在做内容之前，一定要搞清一个问题:

到底什么算好内容?

“十万 +”转发量的文章一定就是好内容吗？播放量达到 1000 万

次的短视频就一定是好内容吗？有 1000 个赞的内容一定比有 10 个赞的好吗？

对头部 IP 而言，粉丝越多越好，上述问题的答案都是肯定的；但对腰部 IP 而言，粉丝越精准越好，答案就不是肯定的了。从用精准内容获取精准粉丝的目标出发，腰部 IP 的好内容就是让精准粉丝关注的内容。

好内容就像鱼腥草，有人爱有人恨。我们只需要顾及精准用户的意见，至于“吃瓜群众”，随他们去。

反之，如果什么人都想讨好，什么都想要，最终只能什么都得不到。早上直播间跳舞，晚上跳健美操；上周还在输出读书短视频，这周改弦更张用短视频卖化妆品……腰部 IP 做内容的大忌就是什么都做。

Part 2　做内容，99% 的人忽略了这一点

内容有两种做法，一种是做卖东西的内容，一种是做打造 IP 的内容。99% 的做内容的人，把重点用在了成交变现上，而忽略了对 IP 人设的打造。

那些以销售产品为目的的内容，就是卖东西的内容。

比如，虎哥前一段时间在朋友圈卖苹果；你的前同事小琴在微信群让你团购面膜；你关注的一家体育用品公司在“双十一”期间有打折促销活动，在公众号里用软文卖登山杖。这些都是直接用来变现成交的内容，都很务实，也是大家都想发布的。

但是，还有一类内容，不是用来成交的，而是用来打造 IP 人设的，用来“种草”的。表面上看起来没啥用，但是实际上对吸粉、增黏、塑造 IP 品牌形象非常重要。

比如，大 IP 李子柒，她穿着传统服饰，在深山老林里采摘竹笋、香菇，然后不紧不慢地在泉水里洗菜、择菜，生起灶火、切菜、煮饭，最后把煮好的饭菜，端到外婆面前，和自己的外婆一起享用大自然的

馈赠。这样的画面，营造了传统中国文化里女性贤良淑德、勤劳淳朴的 IP 形象，让她成为“国民女神”。当然，李子柒的螺蛳粉的销量也非常可观。

这些“无用”的内容，不卖东西，但是卖“人”。打造 IP 的内容，很多人觉得很虚，其实是有大用的。这类内容不但应该大量输出，而且应该最先输出。因为有一句话，几乎每个做销售工作的人都听说过，那就是：卖产品不如卖“自己”。

Part 3 你是不是不太会拍视频？看这里

很多客户会问我：

我一定要做直播吗？

我不会拍视频，这怎么办啊？

从小作文就写不好，不具备文案能力，怎么输出内容？

……

如果遇到以上问题，那么你需要根据自己的用户特征和内容输出能力，从最基本的四种内容形式——发圈、音频、视频、直播，选择最适合自己的，下面分别介绍四种内容形式的特征：

最精准的内容——发圈

如果你的微信上有潜在客户，那么你一定要注意朋友圈内容。因为朋友圈有一个其他平台无法比拟的好处，那就是可以做到点对点的精准营销。

发一条内容，你可以选择让潜在用户看见，让其他人看不见；甚至，可以直接以 @ 的方式提醒重点的客户。

最省时间的内容——音频

如果你的目标用户是精英人士，特别是如果你是针对精英人士的知识付费型 IP，就一定要用音频的形式。

因为你的目标用户，都是注重个人精进的高效能人士。一般情况下，他们的时间安排都非常紧张，自我的精进学习很可能都要和其他事情“共同进行”。

而音频形式的内容，可以满足他们的需求。比如，利用早上晨练的一个小时，边跑步边听课程；晚饭后散步的时候，一边走路一边听音频；上下班路上，一边赶路一边收听播客节目。

我们可以看到，得到 App，这个从罗辑思维升级进化而来的学习类 App，作为国内线上教育领域的头部 IP，99% 的内容都是以音频的形式发布；而樊登读书 App，对书的解读，一直都有音频版。这绝对不是偶然事件，其背后是对精英阶层学习场景的精准把握。

最主流的内容——视频

2020 年 5 月，微信发布了视频号，短短几个月就有 2 亿人开通了视频号功能。而在此之前，抖音、快手等 App 已经通过短视频获得了指数级的用户增长，成为日活过亿的短视频平台。不计其数的 IP 通过小红书、B 站等 App 快速获得粉丝，成功变现。随着 5G 技术的普及，网速越来越快，上网越来越便宜，视频形式的内容，无疑将会成为新媒体的主要载体。

最接地气的内容——直播

直播的进入门槛其实非常低。

吉林长白山挖人参的皮帽大爷、山东烟台蒸包子的邻村大妈、新疆吐鲁番葡萄沟的买买提……他们哪怕不会写文案，不会做图片，不会拍视频，只要有一部手机在手，都可以把自己生产劳作的全过程展示给成千上万个“老铁”，因此，直播是最接地气的内容输出形式。

Part 4 微信、抖音、快手……去哪个 App 开账号

记住这个原则：

私域做生意，公域做声量。

具体来说，就是以微信生态里的各大模块为主，对精准流量重度运营，进而变现；以小红书、抖音、快手等平台作为补充，做影响力，破圈，并引流到私域。另外在微信生态里，应该多关注视频号，原因有三个：

还有机会

视频号2020年5月才正式起步，2022年才真正和微信、公众号、企业微信完全打通，相对起步较早的抖音、快手，还有大量适合腰部IP的机会。

卖东西方便

做IP是为了变现，由于视频号是基于微信生态开发的，将个人号、小商店、微信群、公众号等模块进行了很好的融合，形成了完美的交易闭环：视频号、公众号吸粉，个人号、微信群里进行互动，沉淀私域流量，培养用户信任后，最后在直播间或微信小商店里进行变现，而使用的变现工具，就是微信支付。所有的动作全部在微信生态里进行，不需要任何跳转，不需要其他App的参与。

而如果通过其他平台变现，想把买过东西的用户变成自己的私域流量——导进微信里，就要大费周折。如果你是曾在抖音、淘宝做生意的商家，应该深有体会。

背靠微信

视频号背靠微信。做生意，不管是线上，还是线下，要找地方，一定是找人多的黄金地段。从这一点来讲，百舸争流，微信为大。

微信是目前中国最大的App，2020年5月13日数据显示：微信日活用户12.03亿，小程序日活用户突破4亿。微信现在已经成为国人的生活基础设施之一。对于腰部IP而言，精准粉丝都在微信上。

“虎”动时刻

获得 1000 赞的短视频比获得 10 个赞的好，你同意吗？

扫码，听听虎哥怎么说。

第二节
如何零投放获得 3000 万粉丝

腰部 IP 如何用内容持续获得精准粉丝?

腰部 IP 不像头部 IP，可以有充足的预算在小红书、微信、抖音等平台上投放广告，可以去淘宝开直通车，可以在百度买关键词……

没预算，是个大问题。

在这种情况下，如何应对挑战呢?

内容中央厨房给出了近乎完美的解决方案。这一节，我们用樊登读书的案例，讲清如何用内容中央厨房持续增粉。

Part 1　抖音粉丝谁最多? 竟然是他

如果问你，抖音上粉丝最多的是谁?

很多人可能会毫不犹豫地回答，是老罗。原因很简单，老罗在抖音上直播带货，动辄四五千万人看，单场直播带货最高成绩突破 2 个多亿。作为抖音的签约主播，少不了抖音的大力扶植，按道理，论实力，肯定都是老罗啊。但是，你错了。

答案是：樊登读书。

在抖音上搜“罗永浩”，会出现他带火的“交个朋友直播间”，显示粉丝数是 2007.7 万（截至 2022 年 12 月 9 日）。

在抖音上搜“樊登读书”，“樊登读书 App”的账号显示 964.6 万粉丝（截至 2022 年 12 月 9 日），表面上看好像老罗的直播间粉丝数要比樊登多很多，但是别急，你往下看。

在“樊登读书”的搜索结果下，除了 900 多万粉丝的主账号，还有“樊登读书精华”“樊登读书心灵”“樊登读书服务中心”，此外还有“成都樊登”“武汉樊登”“海口樊登”，这些账号多则几百万粉丝，少则几十万、几千个粉丝。光是把粉丝数排名前 10 位的账号粉丝加起来，都已经超过 3000 万了。

樊登读书如何做到这一点呢？

这就是接下来咱们要讲的“内容中央厨房”。

Part 2 零投放获得 3000 万粉丝，只因这一招

仔细研究抖音上各种“樊登读书”的 IP 矩阵账号，会发现一个有趣的现象，这些短视频的内容都很像，不但形式像，内容也很像。主要就是樊登老师坐在镜头前，然后讲亲子教育或是一本书。说实话，很多账号视频，处理得很粗糙。然而，这并不是樊登读书在乎的，他们追求的是“持续增粉”。

内容中央厨房是持续增粉的利器。

所谓内容中央厨房就是总部生产素材包，分支机构扩散。这种模式，非常利于“有人没钱”的 IP 矩阵来吸粉。对那些已经形成自己 IP 矩阵的腰部 IP 来讲，内容中央厨房是零成本持续获得精准粉丝的利器。

正如每年的“读书节”“618”“双十一”，我们都可以在抖音、视频号、快手、公众号、朋友圈，看到无处不在的樊登读书卡促销活动一样，一个腰部 IP 也可以通过内容中央厨房，让自己被更多精准粉丝看到。

内容中央厨房的运营模式，借鉴了快餐连锁机构的中央厨房。其原理是，由总部把精心挑选的食材，做成料包，每天配送到各个门店，各个门店把料包在店里加热，加上配菜，直接给顾客端上桌。

这里把食材换成“素材”，把料包换成“素材包”，把料包加热换成“素材剪辑”，就是内容中央厨房的运营模式。

Part 3 让“内容中央厨房”，帮你持续增粉

腰部IP如何用“内容中央厨房”持续增粉呢？我们以老虎微运营在2021年服务过的一家做社群团购的腰部IP为例来说明。

IP矩阵的孵化

前面在IP矩阵的环节里我们讲到运营IP和营销IP，在内容中央厨房里，他们是最重要的两个角色。其中运营IP主要负责内容生产，各地的营销IP负责用内容吸粉。

比如腰部IP露露，把兼职的文案、设计和她自己，拉进一个叫“内容中央厨房”的群里，作为运营IP，她们负责生产标准内容，提供原始素材。

而负责内容吸粉的，是各地的营销IP——200多个宝妈团长，收到这些资料包后，转发到微信、抖音、小红书等账号，有粉丝看到，就会联系他们。

内容营销日历

每一个月的最后一周，由“内容中央厨房”的组长，也就是露露，根据下一个月日历上的节假日和促销活动，制定内容营销日历。

即把接下来一个月和每一天，200个营销IP要扩散的内容，提前计划好，并在“素材禁言群”里发布“X月内容营销日历”。比如，6月份最重大的营销事件是“618”大促，那么6月的内容营销日历，就会围绕这个活动规划。

内容中央厨房，每天持续进行标准内容的输出。

标准内容包括四部分，文案、图片、短视频、链接。我们以微信端为例，比如露露曾经大卖的麻油鸡。

不想吃饭？来只麻油鸡，美味还营养，淋上秘制麻辣调料，那味道，绝了！

来自山东的正宗德州麻油鸡，自家农场散养鸡，只吃五谷杂粮不吃饲料。

低温腌制 20 小时，整只鸡鲜度惊人，爱了，爱了……

吃进嘴里嫩滑多汁，鸡肉一点都不柴，鲜嫩有嚼劲。

酱料是点睛之笔，鸡肉蘸上酱汁，鲜辣过瘾，唾液腺分泌不止。

……

类似这样的标准文案，配上准备好的产品图片、短视频、链接，从周一到周五每天一条，发到“素材禁言群”里。

标准内容加工

“素材禁言群”里的 200 多位团长——营销 IP，收到上面的信息后，在转发前，需要做一下简单的加工。

首先，发朋友圈的时候，要用自己的分销海报和分销链接，需要营销 IP 在自己的微信店铺生成。这样一来，朋友圈、微信群里如果有人点击链接下单，或者长按分销海报上的二维码下单，分销佣金就会自动到账。

其次，要对标准文案做一些微调。比如下面这位营销 IP 发圈时，就在原先麻油鸡标准文案的基础上，增加了让粉丝下单的引导：

低温腌制 20 小时，整只鸡鲜度惊人，长按二维码，39 块钱，厂家给你送到家。

吃进嘴里嫩滑多汁，鸡肉一点都不柴，鲜嫩有嚼劲。戳链接，立即拿下。

内容扩散发布

露露 IP 矩阵的内容中央厨房有两个重要的群。一个叫“了不起团长群”，一个叫“素材禁言群”。

“了不起团长群”是一个团长互动群，里面有200多位营销IP，经常开展各种线上学习和交流，每天在里面打卡、报单。

“素材禁言群”不能用来交流互动，是纯粹用来发布内容的；每天早上8点前，会发布当天需要在各个App平台扩散的文案、图片、链接。

大家领完资料，在自己的账号发布完内容后，会在“了不起团长群”里，用群接龙的形式打卡公示。而每一次精准内容的转发，都会带来精准客户。持续的内容扩散，会让持续的精准流量进入流量池。

Part 4 零成本增粉，就用“内容中央厨房”

内容中央厨房特别适合有人干活但没钱买流量的腰部IP。如何让大家把这套东西执行下去呢？有三个关键点：

第一，树标兵

一个内容标兵的激励效果堪比十场培训。不要老讲道理，最好能树立一些榜样，现身说法“这样做的好处”。比如，张三团长说：“昨天我按照总部的要求，把一条文案外加图片，用群发功能发给了200人，立即成交5单，卖出5箱攀枝花杧果。”这比做3小时直播培训的效果强多了。

第二，奖惩制度

内容扩散，无激励，不裂变。为了确保内容的有效传播，公司会设置相应的奖惩制度，并设立一个内容督察员的角色，建立每天内容打卡机制。

比如，2021年6月18日早上8点，“素材禁言群”里，内容督察员投放了一张图片，其对应的文案如下：

麻油鸡，低温腌制20小时，整只鸡鲜度惊人，长按二维码，39块钱，厂家给你送到家。

要求团长把这条信息转发朋友圈。与此同时，在200多人的“了不起团长群”里，内容督察员发起一个“群内接龙”，凡是已经转发朋友圈的，按照完成的顺序，用这种群接龙的模式在群内打卡。

比如说要求“618”24 时前完成朋友圈内容转发。那么如果接龙人数如果满额，说明全部执行完毕，接龙人数不到群总人数，说明还有人没有转发。对于严格执行内容扩散的团长，给予红包、礼品等方面的嘉奖；对于经常不完成每天内容扩散任务的团长，也可以给予一定的负激励。

第三，操作简化

操作尽量简单，能一步完成的，就不要两步。比如转发微信群的文案和图片，能不改动的，就尽量不要改动，最好的扩散方式就是复制 + 粘贴，甚至直接打开分销链接，连复制都不需要，直接转发。

关于内容中央厨房，就说到这里。如果你想要源源不断地获得粉丝，但是又没什么预算，请记住这句话：

有人干活但没钱买流量，就用内容中央厨房。

“虎”动时刻

内容中央厨房里的“素材群”，为什么禁止大家在群内交流互动？

扫码，听听虎哥怎么说。

第三节
选题规划，要不要蹭热点

你是不是很难做到持续输出内容？

你是不是想做好内容，却根本不知道该说啥？

你有没有蹭了个热点，粉丝非但没增长，反而还掉了……

以上，都是选题规划的问题。

这一节，我们来解决一个问题：

腰部 IP 如何做好选题规划？

Part 1　一次“吃瓜”引发的事故……

2022 年，某个虎哥喜欢的一线顶流男明星“塌房”了，一时没忍住，虎哥就发了一条短视频，对这件事进行评论。没想到这条短视频一夜之间竟然在视频号上有了五六十万的播放量，远远超出虎哥平时的数据，视频下面的评论也多起来。

但是看这些评论，大部分是一些四六不着调的发言，有些人啥情况都没弄清楚，就在留言里进行谩骂，发泄各种负面情绪。另外，一些原先的精准用户，开始大量取关。

这个小事故，给我很大启发：

热闹的“瓜”不要随便吃。

Part 2 腰部 IP，到底要不要蹭热点

关于要不要蹭热点的话题，大家争论很多，我的建议是：

腰部 IP，不要随便蹭热点。但如果你是泛娱乐化的网红，或者需要大量粉丝的头部 IP，就另当别论。

泛娱乐、大众化的大 V，网红，头部 IP，有很多短视频就是根据热点事件来拍摄的，他们经常会根据微博热搜、百度热搜、微信指数等平台热点事件的排名来规划一周的拍摄选题。

但是，有些账号却非常克制，尤其是一些比较专业的腰部 IP 的账号，几乎看不到他们蹭热点。为什么？

因为头部 IP 面向的是大众。他们要求粉丝尽可能多，通过热点事件，能吸引到更多人的注意力，引发更多人关注。

但是腰部 IP，是要把粉丝质量放在数量前面的。本来就没多少粉丝，如果还不是精准的潜在意向客户，会直接影响后面的变现转化。这是腰部 IP 无法承受的。

越是专业度强的 IP，内容越垂直，越不需要蹭热点。腰部 IP 的选题，是不应该蹭热点的。因为大部分腰部 IP 做的都是专业化的、重度垂直的内容。这些内容往往只针对一部分特别精准的用户，可能几千个、几百个、甚至几十个。

在这种情况下，如果你去蹭一个和自己服务和产品毫不相关的热点事件，很容易引起那些目标用户的反感，不但不能“增粉”还会“掉粉”。

Part 3 选题心法，1 毫米宽 10000 米深

腰部 IP，在做内容规划和选题的时候，一定要根据自己精准的 IP 定

位，在内容上做到 1 毫米宽 10000 米深。这是腰部 IP 的选题心法。如何做到这一点，我们来看个案例。

2022 年 9 月，虎哥报了一个线上的插画师训练营，跟着一位绵阳的二娃宝妈学画画，群里我们都叫她安娜。

当时为什么报安娜的插画师课程呢？一个重要原因，是发现在小红书上，用平板电脑内置的 Procreate（大师级画板）这款软件教人画画的人很多，但是，这些插画师发出来的内容呢，一会儿是国风范，一会儿是动漫，一会儿是简笔画；还有的插画师，一会儿用 Procreate，一会儿又用专业的手写板，没录几期视频，又变成纯手绘了。

比较来，比较去，只有这个安娜，一直很专注地在教粉丝用 Procreate 画简笔画，持续在 Procreate 简笔画这个赛道进行图片、短视频、音频等各种内容的输出，几年下来，输出了几千条专业内容。

后来虎哥问了一起报班的学员，好几个都是因为看到安娜在小红书上大量的 Procreate 简笔画，才选择和她学习插画的。

一个赛道，一个很精准的产品，一门很小众的手艺——比如用 Procreate 画极简风的火柴人，用一年、两年，甚至 3 至 5 年，持续输出 100 条甚至 1000 条视频，把这一个点彻底击穿。你的精准用户，光是看到这些大量持续输出的精准内容，就会主动找上门。很多时候，粉丝不精准是因为内容不精准。

Part 4 腰部 IP 如何做好选题规划

腰部 IP，做好选题的关键，就是把某一个点的内容彻底击穿。

拿安娜的小红书账号来说吧，我数了数，她有 200 多条内容是在讲 Procreate 这款绘画软件有哪些好玩的工具，这些工具怎么操作，比如剪辑蒙版这一个工具的操作技巧，就录了 3 条视频。这是她的第一个内容模块，讲工具的视频有 200 多条。

第二个模块，是带领大家做一些基本功的练习，比如通过画直线、画曲线、画圆圈，让你拿画笔的手不抖动，画出来的线条好看。这些内容也有好几百条。

第三个模块，才是教你画画。安娜一分钟简笔画，她用一分钟时间画一幅画，录屏整个过程，然后放到小红书上。一边画，一边讲解，让我们临摹，告诉我们其中的一些绘画技巧。

其实每个专家、高手都是“安娜”。都可以通过以下三步击穿内容，把某一个专业领域的内容做透：

第一步，专注一个垂直赛道

不要分心，专注于某一个细分领域。比如，安娜是教别人用 Procreate 画简笔画的，就一直深耕这一个赛道。不要下周把绘画工具变成了其他软件，换成 SketchBook（速写本）或者其他画画的软件。你 8 月份还在视频号上教人画简笔画，结果 9 月份的视频内容全是教人画国画的，这是要不得的。

第二步，系统规划内容选题

“日更一年，我会如何规划自己的视频号？”

你可以问自己一个这样的问题，然后倒逼自己系统规划选题内容。当然这里的视频号，可以换成抖音、小红书、朋友圈……

在做选题的时候，不是想到哪里拍到哪里，而是一次就把一个月、一季度，甚至一年的选题提前规划好。这需要系统全面地对自己的专业内容进行模块化的梳理。比如安娜，第一个模块录制画画的工具，工具有 50 款左右，一款工具录 3 条短视频，按每天一条，第一个模块工具的内容就能输出小半年。

第三步，持续稳定的节奏感

投资领域有一种被许多人推崇的投资理念，叫作定投。就是在自己认准的某个投资标的上，长期定时投进去相等份额的资金。

腰部 IP 在自己所处的垂直领域，持续稳定地进行内容输出就是定投。

这里的关键是如何持续稳定地进行选题规划。

在做选题规划的时候，一是要保证内容输出持续很长时间，只坚持一两个月的时间并不能算“持续”；二要保证稳定输出，不能这个月日更，下个月周更，或者有时几个月没消息，心血来潮一天发好几条。

比如安娜在 Procreate 简笔画这个赛道每天更新内容，坚持了四五年，这就是在做“内容定投”。粉丝一看她这里有 1000 多条专业内容，而同行只有十几条。谁更专业，一下子就判断出来了。

这一节，我们讲了腰部 IP 的内容规划，即如何选题的大问题。

记住三个核心点：

一是腰部 IP 不要蹭热点；

二是腰部 IP 选题心法，1 毫米宽 10000 米深；

三是腰部 IP 做好选题的方法。

“虎”动时刻

头部 IP 可以蹭热点，但腰部 IP 不应该，你同意吗？

扫码，听听虎哥怎么说。

第四节
内容生产，60 分好过 101 分

抖音上做短视频，给你两个选择：

A. 一年就输出 1 条播放量达到 200 万的短视频

B. 一年输出 200 条播放量在 10000 左右的短视频

你会选择哪个？

Part 1 100 条 60 分内容好过 1 条 101 分

碰巧，虎哥身边就有两个这样的朋友，一个是学心理学的李莉，她在 2020 年发的第一条短视频就“火”了，然后就一直想“复制”第一条短视频的成功，但又对接下来的内容总觉得不满意，一年下来，她竟然没再输出一条内容，现在已经停更。

另一个朋友皮特是律师，他的短视频播放量不高，每条也就几百次的播放量，但他一年持续输出了 300 多条视频，通过这些短视频他拿到了好几个案子。他很坚定地说：“管他播放量高不高，其实做短视频很简单，就是持续输出内容。”

李莉和皮特做内容的经历，告诉我们一件事：

100 条 60 分的内容好过一条 101 分的内容，流水不争先，争的是细水长流。这才是腰部 IP 做内容的正确姿势。

接下来，我们不讲 101 分的爆款短视频如何做，那些离我们太遥远，咱们“结硬寨，打呆仗”，主要就讲适合腰部 IP 的 60 分短视频如何做。

Part 2 不会写脚本？拿走这四个看了就会的模板

选题定了以后，接下来要做的事，就是写脚本。如何写脚本呢？常用四个模版：

认知冲击法。以常识性的观点作为铺垫，然后再提出颠覆性的观点，在认知上形成巨大冲击，从而引发粉丝的关注。比如，“按时吃早餐对身体好，真的吗？ 2022 年 10 月 16 日《柳叶刀》上发表的一篇权威文章告诫大家……”这就是典型的认知冲击法。

观点－故事法。先亮出一个观点，然后用一个故事说明这个观点。比如“想减肥，可以试试跑步（观点）。隔壁老王坚持跑步 90 天，体重从 150 斤降到了 130 斤（故事）”。

故事－观点法。先说一个故事，然后再提炼出你的观点。比如“隔壁老王，该吃吃，该喝喝，就做对了一件事，结果 3 个月减肥 20 斤，这就是每天跑步（故事）……所以，跑步可以迅速减肥，赶紧跑起来吧（观点）”。

好处步骤法。先告诉你做一件事的价值和好处，然后说做这件事的步骤方法。比如“一分钟教你做好吃到哭的麻婆豆腐。第一步，豆腐下锅，放点盐，这样入味；第二步，干煸肉末……”

Part 3 一对一聊天，而不是一对多上课

没人喜欢被陌生人教育的短视频。

但很多人的短视频，说教味道极浓，像是在讲课，尤其是一些之前做

线下培训的老师，99% 的都会掉进这个大坑。这是因为，他们在拍摄的时候假定了一个这样的场景：屏幕前，坐着成千上万个粉丝、用户，自己站在讲台后，手拿着麦克风，正给大家上课……

然而，拍摄这类视频的假定场景，不应该是一对多，而是一对一。说得更准确一点，你不是在对几千、几万粉丝讲话，不是在做公开演讲，而是在对一个人谈话。即使面对 100 万个粉丝，你面前也只有一个人。因此，拍摄这类短视频时应该做这样的场景设定：

你正和一个自己的目标用户，坐在咖啡馆里，空气里弥漫着咖啡的香味，周围有很多人，有服务员走来走去，这时候，你该以什么样的口吻、语速、语调和对面的人聊天？

Part 4　拍视频，八个避坑指南给你准备好了

在帮助用户制作短视频的时候，虎哥发现了一些大家最常问到的问题，虎帮团队做了整理，并给出了答案，一共是如下八个：

1. 找人拍摄，还是自己拍？

答：有预算的话，请专业团队拍摄；没有预算，自己报个班，学习一下拍摄的基本技巧，完全可以自己拍摄。

2. 拍摄背景如何装饰布置？

答：对大部分人而言，拍摄背景越简单越好，不需要过度装饰，一块绿色幕布，或者一面白墙就行。装饰品多，反而容易分散用户的注意力。

3. 一定要用专业摄像机进行拍摄吗？

答：事实上，现在大部分品牌手机，视频拍摄效果都不错，完全可以胜任短视频拍摄的工作。

4. 穿什么衣服？

答：拍视频，穿和 IP 人设一致的衣服。如果你是电力专家，可以戴上电工帽，如果你是讲国学的，可以穿长袍、唐装等国风元素比较浓的服饰。

5. 拍摄前要不要写脚本？

答；即使你出口成章，也一定要写脚本。因为，短视频要求你在一分钟甚至更短的时间内说清楚一件事，并让粉丝对你感兴趣，这个难度是比较高的。

6. 一次拍几条合适？

答：一次不要只拍摄一条，尽量多拍几条。拍摄一条短视频后，你的情绪会被调动起来，这时候“趁势追击”，趁着手热嘴热，赶紧再多来几条，效率会很高。

7. 白天拍摄还是晚上拍摄？

答：最好白天拍，尤其是在光照条件比较好的白天拍。这样做有一个最大的好处，那就是不用花大力气打光。对非专业人士而言，打光往往最费时间，最折腾人。

8. 一镜到底还是分段拍？

答：建议分段拍摄。比如一条视频的时长是一分钟，用10秒钟先讲最吸引人的那部分，然后用50秒说内容。这样，如果第一部分不满意的话，就不用再把第二部分50秒的内容也重新拍摄一遍。

Part 5 做到这两点，粉丝嗖嗖往上涨

教你如何用剪映App或者秒剪App做短视频的课程很多，这里我们不谈具体操作工具，而是来聊短视频加工处理的两个要点，把这两点做好了，能10倍速涨粉：一个是封面处理，一个是导流设置。

封面处理

一条短视频在你眼前出现，要不要点进去，你会根据什么判断？

答案是：短视频封面。

如何处理短视频封面呢？做好三点：

一是风格尽量一致，一般而言，短视频封面多为一张IP人设照加一

个短视频标题，不需要过多的装饰，越简单越好。一旦固定，就不要轻易换来换去。

二是短视频的标题字体尽量大，尽量粗，文字尽可能少。只有这样，粉丝才能一眼看清这条视频讲的是啥，是不是自己感兴趣的内容；字大内容少，做封面的法宝。

三是标题一定要吸引人，关于如何起标题，我们在本章第六节会详细来讲。

导流设置

对腰部 IP 而言，做内容的目的就是为了导流。但是在剪辑加工的时候，很多人都会忘记这一点。

因此，我们要在短视频里做一些引导，请粉丝关注、收藏、联系你，给你点赞，帮你评论，或者下单购买。比如当讲到"这条短视频对喜欢做饭的你非常有用，建议收藏"的时候，就可以弹出如何收藏的画面。按照短视频里口播的节奏，也可以弹出关注、点赞、评论、下单等导流提示。如果没有这一步，很可能许多粉丝看完视频后就忘记联系你了，之前的拍摄、剪辑等工作就白做了。

"虎"动时刻

做短视频，对于腰部 IP 而言，100 条 60 分的内容好过 1 条 101 分的内容，你同意吗？

扫码，听听虎哥怎么说。

第五节
标题制造，让人“戳”进来的八个模板

你是不是觉得，做一条内容，比如在公众号上发推文，在视频号或者抖音、小红书上发短视频，其重点是内容本身，至于标题，不用太花时间，免得惹上“标题党”的嫌疑。

80%做内容的人，对标题都存在很大误解，有些人不屑于在标题上花费时间，有些人则觉得没有必要。

标题之于内容，相当于门头之于饭馆。食客一看门头，觉得不吸引自己，便会转头就走。粉丝一看标题，觉得和自己无关，就会直接划过。

这一节，我们来聊聊腰部 IP 该如何起标题。

Part 1 不做标题党，但要做好标题

“被嫌弃的40岁打工人如何自救？”

40岁的大柱子在被经理叫去谈话后，心情很不爽。最近公司在裁员，主要劝退40岁左右主管级别的人。他刚从经理办公室出来，一边抽烟一边刷抖音，想缓解一下紧张的心情，就在抖音上刷到了这条视频。

本来期待这条视频能给自己支支招，点进去一看，是一个推销保险的

广告。大柱子气炸了肺。

这就是标题党，就是标题和内容零关联。做内容，千万不要做标题党，被拉黑是小事，严重的，甚至会被一些愤怒的粉丝直接举报，导致账号被封。

但是，不管你是发推文，发短视频，还是做直播，如果你的标题和内容本身高度相关，那么为你的内容起个好标题就非常重要，原因很简单：

不管内容有多好，如果标题对粉丝没有吸引力，肯定没人“戳”进来阅读或观看。

Part 2 瞄准，是腰部 IP 做标题最重要的一点

腰部 IP 做标题，相比头部 IP 而言，最大的不同是用户更精准，对象感更强。时刻瞄准最精准的人群，这是腰部 IP 打磨标题最重要的一点。我们来看两个短视频的标题：

A 标题：做不好这三点，就当不好妈

B 标题：1~6 岁宝妈，这三点千万不能马虎

A 标题是国内某知名育儿博主的一条短视频的标题，很显然这是头部 IP 的风格，似乎在说，所有当家长的都应该看这条视频，从 30 岁的职场白领到 70 岁已经退休的广场舞大妈；而 B 标题，很显然，是一位做少儿启蒙的腰部 IP 的短视频标题，如果你是位 3 岁孩子的妈妈，哪一条短视频的标题会更吸引你呢？

显然，你会选 B 标题的那条短视频戳进去。

腰部 IP 想做好标题，一个核心原则就是，在用户层面做到 1 毫米宽、10000 米深。始终以自己最精准的用户群体为出发点，从他们的核心需求、生活习惯、面临的问题、挑战出发，来做出一个能吸引他们的好标题。

下面我们来讲八个适合腰部 IP 的标题模板。

Part 3　八个标题模板，好用到看了就会

模板 1：有好处

在标题里说明我说的这个事对你有好处，或者反过来，不看我这条内容，会给你带来损失，比如：

标题 1：知道这 3 句话，收入翻 10 倍

标题 2：不看这条短视频，至少多走 10 年弯路

标题 3：把这条视频转给咱妈，不被骗

标题 1 和标题 3，都说的是好处，一个是收入翻 10 倍，一个是避免被骗，但是第 2 个标题，是反着说，如果错过这条短视频，你就损失大了，至少会多奋斗 10 年。

模板 2：有关系

我说的这个事情，是和你有关系的，是针对你的，才会被关注。比如：

标题 1：孩子不好好吃饭的家长，看过来

标题 2：整晚失眠睡不着吗？看看这个

标题 3：给 35 岁被嫌弃的职场打工人

可以说一个让精准用户痛苦的事情，比如“整晚失眠”“孩子不好好吃饭”，也可以直接把你的目标粉丝的精准画像给出来，比如“35 岁的职场打工人”。

模板 3：有期待

在用户内心深处制造某种期待，或者引发某种好奇，比如：

标题 1：这条视频一定看到最后一秒，有彩蛋

标题 2：十一假期不得不看的 10 部经典影片

标题 3：让这 20 张图告诉你，北京最值得去的 20 个馆子

标题 4：农村娃进城打工 10 年成为亿万富翁的秘密

公开一个白手起家的“秘密”也好，“10 部经典影片”也好，“彩蛋”也好，其实都是引发目标用户的好奇心，激发他们的期待感，让粉丝想打开看。

模板 4：有意思

用户一看标题就觉得很有趣，很好玩，想点进去看热闹，比如：

标题 1：跑步路上，遇到一只玩飞盘的狗子

标题 2：80 岁师太养了一只佛系独臂猴

标题 3：两个清华学霸，在上海 10 万一平的地段，造了 80 个花园

2022 年十一国庆期间，视频号、小红书、抖音等 App 上，一条名为“80 岁师太养了一只佛系独臂猴”的短视频引起网友很大关注，一个重要原因就是该短视频的标题很有意思，很有趣。

模板 5：提问题

提出一个目标用户关注的问题，用这个问题做“钩子”，牢牢抓住其注意力，比如：

标题 1：10 年不见的高中同学借钱，借还是不借？

标题 2：不做作业母慈子孝，一做作业鸡飞狗跳，怎么办？

标题 3：一个人可以不依赖任何人幸福地活着吗？

面对一个问题，想要一个答案。这是刻在人类骨子里的基因，我们把问题放到标题里，把问题的答案放到短视频、图文等主体内容里，这样的标题肯定会引发粉丝的关注。

模板 6：整数字

在你的标题里放一些具体的数字，会让人觉得你说的这个事证据确凿，很真实，很靠谱，我们做个对比：

标题1：这是一套做工考究的高端定制西装

标题2：一套西装，27道工序，他缝了12743针

同样是在讲一套很高端的西装，标题2就会让人觉得更可信，觉得这套西装至少也得好几万吧。

模板7：震惊体

说一件颠覆三观的事情，或者和大家的日常生活习惯、行为模式、解决方案大相径庭的事，比如：

标题1：震惊！开花店，竟然可以这么干

标题2：震惊！××300亿的身价竟然是这么来的

标题3：震惊！这句话原来是这个意思

这类起标题的方法最简单，只要你给某件事前面加上“震惊”两个字，大多会收获一批关注。但是，一定注意，如果你内容本身一点也不令人“震惊”，最好不要用这个模板，否则就成了标题党。

模板8：权威感

在标题里说明很多人都在用，或者很多大佬名人、专家都和这件事有关，为你要说的这件事背书，制造一种权威感，增加可信度，比如：

标题1：一场直播卖30000支的口红，不要错过

标题2：成龙大哥赞过的好酒，不仅仅让你迷醉

标题3：阜外医院专家，告诉你如何预防心脑血管疾病

从影响力的角度出发，这个标题模板用了名人效应、从众效应，即当一个人无所选择的时候，如果他认可的名人或者已经有许多人做了一个选择，那么他也会大概率做出同样的选择。比如，阜外医院是全中国最好的心脑血管疾病医院，那里的专家告诉你如何预防心脑血管病，如果你是一名高血压患者，专家的意见能不听吗？

八个起标题的模板介绍完了，是不是一看就会啊？

有些事情，其实就是一层窗户纸的事情，一捅就破。这里需要说明的是，这八个模版，并非孤立使用的，也可以互相配合使用，你中有我，我中有你，这样组合使用，往往效果更好。你可以试试。

“虎”动时刻

为什么做内容，一定不要做标题党，但要做好标题？

扫码，听听虎哥怎么说。

第六节
想被世界看见，就用内容中央厨房

费劲扒拉地又是选题，又是拍摄，又是剪辑，又是起标题，结果呢，发到抖音上，只有七八个赞，几百次的播放量。这是许多腰部 IP 面临的一个严峻挑战。

如何在粉丝不多的情况下，实现大量精准曝光，被尽可能多的潜在用户看到，被世界看见呢？

这一节，我们就用一个腰部 IP 案例——平衡波龙青源老师，来回答这个问题。

Part 1 龙老师的内容中央厨房

一位歌者，如果要让更多人听见自己的歌，除了自己大声歌唱外，还需要一个麦克风。对于一个腰部 IP 而言，内容中央厨房就是内容的麦克风。如何具体使用这个麦克风，我们来看一个案例。

在小红书上搜索“平衡波”，会出现几十个账号，这些账号，有些有十几万粉丝，有些有几万粉丝，有些有几百，甚至才十几个粉丝。打开这些不同的账号，你会发现，有些视频的点赞量有五万多，有些账号上同样类型的视频点赞量才不到 10 个。

但是，不管这些账号的粉丝有多少，不管视频的点赞量差多少。你在不同账号、不同视频，都会看到一个戴着眼镜、和蔼可亲、声音非常有感染力的男士，在教你用他的“平衡波”“拯救圆肩驼背”“练出小蛮腰”，帮你通过走路“腿越走越细，臀越来越翘”。

无独有偶，你在抖音上，在视频号上搜索“平衡波”，也会出现几十个不同的账号，在不同的账号里，不同的短视频里，也都会经常看到这位男士。这位留着精干短发，身材紧致的教练，就是今天我们案例的主角——龙青源老师。

每天拍摄完视频后，第二天，同样的短视频内容，会在几十个小红书、抖音、视频号、微信公众号等新媒体账号上，会在他的四五十个教练、几百个天使用户的朋友圈里，被那些精准用户看到。这种短视频的扩散方式，就是典型的内容中央厨房模式。

Part 2 如何搭建你的内容中央厨房

“没钱，但有人”的腰部 IP 如何进行内容扩散呢？通过以上案例，我们可以获得这样的启发——用内容中央厨房的模式，具体来说，有四个步骤，

第一步：持续扩账号

一个腰部 IP 做到有百万粉丝的难度，不管是在小红书、视频号，还是抖音上，现在都是很大的。没有那么多粉丝，怎么让更多人看到呢？龙老师给出了答案：就是在能力范围内，开尽可能多的账号。比如 2019 年，龙老师只是有几个微信公众号账号，员工经营的个人微信 IP 账号也才几个。而现在呢，经营维护的大大小小账号接近 100 个。从这个角度来讲，每个腰部 IP 的天使用户，你都可以协助他们开账号并提供支持。

记住这句话：对大部分腰部 IP 而言，获得 20 个有 5000 个粉丝的账号比一个十万个粉丝的账号容易。

第二步：持续提供内容

持续输出内容就是持续输出影响力。

多个账号，解决了传播渠道的问题。但是这些账号如果没有持续输出内容，粉丝很快就会流失，账号就会失去影响力。尤其是一些做销售的伙伴，他们本身不具备内容生产能力。怎么办？

这是个很大的挑战，这时候就需要腰部 IP 本身能为这些账号“输血”，即为这些账号直接提供内容，或者提供内容支持。

具体来讲，龙老师是这么做的：一方面，龙老师自己会生产一些专业的视频、文案，直接提供这些给营销 IP，他们进行加工后发到自己的账号上。另一方面，龙老师为这些营销 IP 赋能，教给他们做内容的方法、工具，鼓励他们自己生产内容。

第三步：持续扩散内容

一条视频，今天在抖音、视频号、小红书上的几十个账号同时发了，明天的短视频，只发了不到 10 个账号，到了后天，只有不到 5 个账号发了短视频。这是上周，一个从广州来京的客人遇到的问题。

提供了内容，但是不能持续扩散，照样没效果。如何才能让十几个账号，甚至几百个账号持续扩散内容呢？

做一个专门的“发车群”，把开了账号的“乘客”——所有负责账号运营的人，都邀请进来。在群里安排一个“老司机”开车。比如，早上 6—8 点发车群发第一趟车——“微信朋友圈”。“老司机”把图片、文案，都发在群里，同时在群内发起一个“10 月 19 日朋友圈早班车”的接龙，让发完圈的伙伴接龙“上车”。同样，下午可以发一辆“10 月 19 日抖音白班车”，晚上可以再发一辆“10 月 19 日视频号夜班车”。用这种好玩、有趣的方式，把持续扩散的机制，在内部建立起来。

与此同时，作为腰部 IP，如果能在群内部建立一定的激励制度，从物质、精神两个层面，对这些持续扩散的账号，特别是有效果的账号，给予及时的肯定，“发车群”会玩得更“嗨”。

第四步：持续引流私域

你的小红书上已经挂了产品，这时候一条短视频火了。有一个陌生粉丝在那条短视频下面的评论区留言，问产品价格、怎么购买等问题。你是直接让他去看小红书上的那个产品链接，还是先和他联系，引流到你的私域流量池呢？

很多人会急于成交，让用户去买产品。

但是你如果看龙老师的许多 IP 账号，你会发现，他大都会选择第一时间做引流，而不是成交。

做内容的第一目标是引流，而非成交。

陌生人通过内容直接成交的概率会非常低，尤其是高客单价的产品或者服务。如果你不在第一时间与其建立联系，今天没有达成成交的话，客户就会直接流失掉。

但是如果与客户建立了联系，在自己的微信、微信群上，你可以持续向粉丝输出影响力。即便今天不成交，明天不成交，只要是有意向的粉丝，后天很可能就成交了。

Part 3 注意：碰到这三个问题，这么办

在帮助合作伙伴借助内容中央厨房做扩散的时候，有三个最容易被问到的问题，现在把这三个问题及其应对方法，一并放到这里：

问题一：没人、没精力开那么多账号，怎么办？

答：这是很多腰部 IP 都会遇到的共性问题，没员工、没团队。这时候分三步走：第一步，先把微信生态上最基础的账号开了，好好经营。比如，先把自己的朋友圈和视频号做好；第二步，找一些兼职的伙伴，或者在天使用户里找一些有内容输出能力的伙伴，达成某种合作模式；第三步，有了人员储备，有了内容基础，然后再在抖音、小红书等平台开账号。

问题二：啥时候发内容比较好，分开发，还是一起发？

答：最好是多个账号同一时间发同一个主题的内容。即在某一个时间点，对同一个主题进行“饱和式攻击”，把这一个点击穿。让视频号、朋友圈、抖音、小红书上所有的意向客户，都在同一时间，看到同样的主题。打个比方，龙老师如果要推自己的 88 元的普拉提体验课，你很可能在 11 月 8—11 日这三天，在抖音上看到一个漂亮的小姐姐在讲这个体验课，视频号上龙老师自己在直播讲课，然后一个天使用户在自己的朋友圈发布这个体验课的海报。

问题三：自己没有持续输出内容的能力，怎么办？

答：腰部 IP，如果自己没有持续输出内容的能力，可以采用 UGC 的模式。U 是 User，即用户，G 是 Generate，即生产制造，C 是 Content，内容的意思，这 3 个字母连在一起，其意思就是通过鼓励用户，来获得源源不断的内容素材。没素材没内容，那就让用户给你造。

“新世相”这个公众号，深谙 UGC 之道，2022 年 10 月 5 日，他们在十一国庆假期，发起了一个“点击交换明信片”的活动，开启了“假期邮局”：你上传一张自己的假期照片，他们会帮你生成一张好看的明信片，并把另一个陌生人的明信片发给你。这个活动瞬间就出圈了，收集了大量的好内容。

“虎”动时刻

内容中央厨房里的几十个账号，甚至几百个账号，为什么非要同一时间扩散一条相同主题的内容？

扫码，听听虎哥怎么说。

第五章

IP 流量——今天你好好发圈了吗

第一节
腰部IP，五个维度击穿流量

这一章开始，我们进入腰部IP私域流量的话题。

腰部IP，在没团队、没资金的情况下，如何获得属于自己的精准私域流量？这是一个值得考虑的大问题。本节，我们用五个“击穿”，给大家提供一些实战案例作参考。这五个“击穿”，只要能做到其中的任何一个，你就可以源源不断地获得精准流量，甚至完成从腰部IP到头部IP的跨越。

Part 1 产品击穿，1年卖100万份的辣椒炒肉

没有流量的腰部IP，可以通过一款爆款产品，源源不断地获得精准流量，举个例子：

2019年5月在长沙，朋友请我吃饭，我们在当地一家餐馆吃了一道很传统的湘菜——辣椒炒肉，觉得味道很不错，就记下了这家餐厅。当时，这家餐厅还是一个腰部IP，只是在长沙本地的大众点评上有些名气。然而，2022年7月，在北京的朝阳大悦城，我竟然也看到了这家店。要知道，三年疫情，让很多餐饮企业都关门大吉，包括海底捞这样的餐饮巨头都在关店。而一家做湘菜的小馆子，在这三年，不但没倒闭，反而把店

从长沙开到了北京。

这家店，就是“费大厨小炒肉”。

他家招牌菜就是小炒肉——辣椒炒肉。除了选择特殊的辣椒和猪肉外，费大厨小炒肉的另一个特色，就是坚持认为“大厨才能炒出好吃的小炒肉”。因此，他们的每一份小炒肉，据说都是由厨房里最资深的大厨现炒。如今，单是一份小炒肉，费大厨一年就能卖出 100 多万份。费大厨把小炒肉这款最家常的湖南湘菜，彻底击穿了。靠着这份小炒肉，不但扛过了疫情，而且从仅仅长沙人知道的腰部 IP，成为北京甚至全国湘菜食客都知道的头部 IP。

这种“一招鲜吃遍天”的案例还很多，“费大厨小炒肉”这个腰部 IP 在疫情期间的逆袭，告诉我们：一个腰部 IP，在起步的时候不需要研发太多产品，如果能将一款产品“击穿”，就能源源不断地获得精准流量，持续盈利，把店从“长沙”开到“北京”来。

因为，爆品本身，就是流量和生意。

Part 2 用户击穿，五百强高管和四线城市宝妈

除了用一款爆品获得精准流量外，腰部 IP 也可以反其道而行之，用多款产品，来满足一类特定用户的需求，比如说：

“雪茄王子 Peter 张”，是一个非常低调的腰部 IP。他早年在英国留学，2018 年回国后在上海经营一个很小的会所，为一些世界五百强企业高管和从欧美、日本留学回来的富二代提供上好的威士忌和雪茄。人数不多，微信通讯录里只有几百个客户。

后来他慢慢发现，到会所喝酒、抽雪茄的会员，人到中年，越来越关注自己和家人的健康，都需要高端的医疗服务。于是，他又开始提供私人定制医疗服务。

再后来，他发现这些高净值人群有买保险的需求，于是又开始代理保

险。虽然客户数量还是300多人，但是，他这个小会所的利润，已经从2018年的1000多万猛增到了2700多万。

有人可能会质疑，这种针对某一类用户群体的私域流量经营模式，只适合高端人群。然而，在福建泉州有一位腰部IP，他的全职员工不到10人，一年能卖出几个亿，利润也有几千万。这位腰部IP，专门针对四五线城市的宝妈，清仓处理一些知名品牌的尾货商品，从化妆品，到孩子的书包，到衣服鞋帽，再到锅碗瓢盆，简直无所不包。

用户击穿，就是把精准流量运营“爆”。

“弱水三千，只取一瓢饮”，在十几亿人口的巨大市场中，找到一类你能触达的精准用户，持续不断地提供他们需要的各种产品，把这一类用户的需求彻底击穿，由此产生的利润，足够养活一个腰部IP的团队了。

Part 3 行业击穿，音乐版权人燕小咖

持续地在一个重度垂直的细分行业进行深耕，成为这个行业的资深专家，精准流量便会纷至沓来。

在虎帮服务的IP里，有一位非常小众的IP叫“燕小咖”，经过一年多的运作，截至2022年10月21日，她在微信视频号上的同名账号“燕小咖”的粉丝数刚刚突破500。然而这为数不多的粉丝，却给她带来了很多合作机会。

一个重要原因，是因为她本人在音乐版权这个细分赛道，已经默默耕耘了十五六年。很多粉丝是她以前的合作伙伴、同事、朋友，对她的专业度非常认可，通过她的视频号，了解到她正在做的项目和动态，就会第一时间给她留言互动，进而，进行有效的合作和连接。

中国的市场足够大，在任何一个细分赛道里，如果你能持续深耕，成为高手和专家，就会收获到属于自己的精准流量。请相信：任何赛道的第一名都不会没流量的。

Part 4 社区击穿，南门涮肉 & 万象嘻嘻群

立足于某一个精准社区，从线上和线下，把这个社区里的用户服务好。

打个比方，在北京南二环天坛南门，有一家叫“南门涮肉”的老北京铜锅涮羊肉的馆子，在这里已经快 30 年了。来他们店里用餐的，除了来天坛的游客，大部分是天坛南门附近的居民。

再比如万象新天小区里有一个叫嘻嘻的宝妈，拉了一个“万象嘻嘻群”，她把小区里认识的宝妈都拉进群里，一起团购孩子的奶粉、童车、衣服鞋帽、游乐场门票等商品。

不管在线上还是线下，围绕一个社区的用户精耕细作，把流量源源不断地汇入腰部 IP 的流量池，进而产生“涟漪效应”，扩散到其他区域。有线下门店的腰部 IP，一定要做社区击穿。

Part 5 场景击穿，送外卖的酒店机器人

当发现一个高频出现的场景，就用一个解决方案，把这个场景里的棘手问题完美解决掉，也可以源源不断地获得精准流量。这听起来有点抽象，说个你我身边的事情：

住酒店的时候，如果叫外卖，就会遇到一个棘手问题：要到酒店门口去取外卖，因为酒店大堂不让外卖小哥进。大冬天，北方冷风飕飕，还得穿衣服下楼，很不方便。

而酒店又没有足够多的人手为客人服务。如果要增加人手，势必提高酒店的运营成本。然而，2022 年 7 月，我在大连入住一家酒店的时候，却发现，这家酒店有四五个机器人，在电梯、大堂繁忙地穿梭。

外卖员在酒店门口，把外卖商品放到机器人的“肚子”里，然后在机器人“脑门”上的按键位置，输入对应客人的房间号，机器人就会把外卖

商品送到客人房间。我试着叫了几次外卖，体验非常顺畅。

后来我查了下这家公司，这种专门针对酒店送餐取货的机器人非常受欢迎，很多五星级酒店都是他们的客户，这就是典型的场景击穿。酒店机器人完美解决了酒店外卖场景下的两个棘手问题：客人取餐不方便，酒店送餐的人工成本飙升。如果你身边有类似这样的场景，恭喜你，它是你获得精准流量的入口，一定得抓住了。击穿某个场景痛点，就会产生流量爽点。

在流量获取这件事上，真是“八仙过海，各显神通”，本节提供了流量获取的五种方式。腰部IP，可以根据自己的产品特性、用户特征，以及其他优势，确定适合自己的引流方式。

“虎”动时刻

你目前是用什么方式从线上线下获得流量的？遇到了什么问题？

扫码，听听虎哥怎么说。

第二节
做抖音还是微信，做公域还是私域

就在两个多小时前，H 先生坐在我的对面问我，为什么虎帮服务的客户很多都不在抖音上做 IP，包括虎帮自己的 IP 矩阵，也都是以微信生态为主？这是很多做 IP 的人都会问的一个好问题。

有些人说抖音好，有些人说微信好，有些人说公域流量赚钱快，有些人说私域流量粉丝更精准，有些人说淘宝上关注了店铺的粉丝就是私域流量，有些人说只有微信上的人才算私域流量，究竟谁说得对？

这一节，我们把这些问题搞清楚。

Part 1 你开过最贵的车是什么车？直通车

首先，来看看什么是公域流量，说个真事情：

2021 年“双十一”刚过，几个做淘宝发了财的兄弟在杭州西溪一家餐馆吃饭，酒过三巡，老王和坐在旁边的老李调侃：“你开过最贵的车是啥车？”

老李回答：“500 多万的宾利吧，你呢？”

老王哈哈大笑：“我的车肯定比你的贵，我开的是一年 2000 万的直通车。”

这不是笑话，所有做电商的人，尤其是在淘宝上的商家，都应该有这样一个共识：在平台上做生意，不做推广，不买流量，又想要生意好的可能性等于零。

淘宝为商家提供的推广服务叫“淘宝直通车”，京东叫“京东快车”，腾讯叫“广点通”，此外，抖音、拼多多、美团、携程、百度等平台也都有类似的流量服务，帮你把用户引导到页面。这种通过在各大平台花钱买流量获得订单的方式，圈内统称为“开车”。

要不要一直花钱“开车”呢？开车获得的流量，是私域流量，还是公域流量呢？

要对这个问题做出正确回答，你必须知道什么是公域流量，什么是私域流量。

Part 2 一个故事，搞清什么是“公域流量”

首先，到底什么是公域流量呢？不讲太高深的理论，我打个比方：

翠花在淘宝上开了一家卖东北酸菜的店，开完店后发现每天进店的就三五个人，生意寡淡。于是翠花就在淘宝上买了直通车推广。有一天，二柱子想买酸菜，然后拿手机上淘宝搜索“酸菜”，平台推荐了翠花的酸菜店，大柱子进来逛了一圈，花 29.9 元买了翠花店里的两袋酸菜。

看到没？这时候，大柱子就是翠花的公域流量。几乎所有的平台电商都是公域流量，企业或者个人在京东、淘宝、天猫、携程、美团等平台开店，如果想要有生意，就得“买”平台的公域流量。

然而，公域流量有一个非常严重的问题，就是越来越贵，会贵到你买不起。比如，翠花的邻居英子，一听说翠花在淘宝上通过“开车”卖酸菜赚了钱，眼睛都绿了，也跑去“开车”，每推流一个客户你翠花给淘宝 5 元，我英子出 6 元。这样，下次大柱子在淘宝里搜索“酸菜”时，平台就会首先推荐英子的店，29.9 元 3 袋酸菜，同样的价格比在翠花店里能多买一袋。

后来，村长老婆马大脚也来了，她财大气粗，直接把桌子掀了：你们都别玩了，我一步到位，平台给我推流一个客户，我给 10 元！这下翠花和英子都傻眼了，不敢再“开车”了。什么叫水涨船高？这就是。公域流量的特点就是越买越贵。

什么是公域流量，卖酸菜的翠花告诉你：

公域流量就是你需要花钱购买的流量，是一种越买越贵，直到你负担不起的流量。

Part 3 为什么有“私域流量”的都赚翻了

那什么是私域流量呢，咱们还是说翠花。

眼看着二狗子要开学了，幼儿园一个月要交 300 元；娘家侄子结婚，这个月还得随 200 元的份子钱。钱从哪里来？公域流量不行，“车”开不了，就想其他办法。

翠花在自己的酸菜包装盒上印了一个微信二维码。傍晚，下了班的大柱子收到包裹，准备给老婆和孩子做酸菜饺子。就在他打开包装的时候，看到了二维码和下面的一行字：扫码加老板娘翠花微信，进群领福利。

大柱子打开微信扫码，一看果真是老板娘翠花，头像是一个穿着东北大红袄的美女，IP 名称是“老板娘翠花”。然后翠花邀请大柱子进“翠花酸菜群”，领了一张 20 元的酸菜优惠券。

这样，大栓子就从淘宝上的公域流量，变成了翠花的私域流量。“双十一”翠花家搞活动，根本不用花钱“开车”，直接打个 66 折，把购买链接甩到“翠花酸菜群”里 ，或者发到朋友圈，甚至可以直接一对一地私信大柱子，大柱子就有可能下单。

通过上面的故事，你应该清楚了到底什么是私域流量：

不花钱可以随时触达的流量，是私域流量。

也正是因为私域流量不花钱且可以随时触达，因此有私域流量就相当于有了“提款机”，很多人都想尽一切办法从各种渠道获取私域流量。

Part 4　私域流量 = 私域流量“池”吗

下面来探讨一个很重要的问题：

私域流量和私域流量“池”是一回事吗？

答：显然不是。私域流量是水，私域流量池是池子。

我们可以简单地把私域流量理解为从你家门口流过去的小溪里的水，而私域流量池，是你家院子里的池子。流到你池子里的，才是你的流量。

但是，如果你没有想办法把家门口的“溪水”放到自家的“池子里”，那么，那些从你面前流过的水就是和你无关的私域流量。

比如，老王在小区里开了一家便利店，每天都有人进进出出，买香烟、水果、零食，表面上这些人都是老王的客人——私域流量，但是如果这些客人没有进入老王的微信群，他就不能随时触达这些客户，他们就不是老王的私域流量。所以，只有进了私域流量池的，才能算私域流量。

搞清什么是私域流量和公域流量，搞清私域流量和私域流量池的差别，再来回答本节开头的问题，就会清晰很多，大体包括以下几方面。

有资金预算的头部 IP，适合做公域流量，通过“开车”，可以在很短的时间里获得大量粉丝；没钱的腰部 IP，适合做私域。

需要大量泛粉的头部 IP，适合做抖音、小红书、淘宝等平台；需要把某一类精准用户服务好的腰部 IP，适合做微信。

与粉丝是弱连接关系的头部 IP，适合抖音等平台；而需要与粉丝强连接的腰部 IP，一定要做社交基因强的微信。

标准的或者相对便宜的产品和服务，不需要维护关系的，不需要大量售后服务的，适合抖音等平台；但是卖得贵的，特别是一些定制类产品和服务，一定要用微信做重度运营，甚至一对一的服务沟通。

“虎”动时刻

为什么大部分腰部 IP 一定要以私域流量为本？谈谈你的看法。

扫码，听听虎哥怎么说。

第三节
私域流量，怎么“装”进你的兜

一个玻璃杯，掉在水泥地上，一下子就被摔得粉碎；但一个不锈钢的杯子，掉在水泥地上，却安然无恙。

你打算怎么“装”你的私域流量，用什么“装”？是用玻璃做的“私域流量池”，还是用不锈钢做的“私域流量池”？

本节的核心内容，就是通过“社群铁三角”这样一个私域流量池模型，搭建一个腰部IP的私域流量池，帮你把自己的私域流量多快好省地“装”进你的兜子里。

Part 1　做私域流量池，就用“社群铁三角”

目前来看，不管是个人还是企业，微信是搭建私域流量池的首选，具体玩法大致分为三类。

微商玩法：把朋友圈作为流量池。主要通过朋友圈卖货，把微信通讯录里的人当成目标用户来进行产品或者服务的售卖。

内容玩法：把账号作为流量池。很多腰部IP主要通过内容运营获得粉丝，比如，运营一个公众号、一个视频号，拥有一定粉丝后，直接通过账号变现。

团购玩法：把微信群作为流量池。建很多微信群，在群里拼团、秒杀，典型的例子就是各种社区团购。基本不做内容，也不做朋友圈的运营。

这三种流量经营模式构成的私域流量池，最大的弊病就是偏重于某一微信生态模块的经营，而忽视了各个模块之间的连接和互补，造成了私域流量池的“漏水”、不稳定、容量小等硬伤。

如何搭建牢靠、稳定且容量大的私域流量池呢？

图 5-1　社群铁三角

答案是：社群铁三角。

如图 5-1 所示，“社群铁三角”私域流量池模型，建立在微信生态上，是指由视频号或公众号负责内容输出，获得公域流量后，引导到个人微信号和企业微信号，进行精准的流量运营，最后在微信群通过直播进行批量成交的私域流量池模型。

在这里，我们对微信生态的四大模块：公众号、视频号、微信群、个人号进行系统整合，以变现为目标，以流量为线索，打通这四大模块的内在逻辑。其中，视频号和公众号作为流量入口，个人微信和企业微信进行私域流量的精准运营，再由各种微信群通过直播模式进行变现和裂变。下面我们详细说明。

Part 2 “门”都没找到，怎么做好私域流量池

2022 年 2 月 14 日“情人节”的晚上，地铁里，一位美女一手拿着一大把玫瑰花，一手拿一张印有二维码的胸卡，请地铁里的帅哥美女扫码加微信，而且一边走一边说：“扫码就送一枝玫瑰，加完微信明天删除就行。”可是，这个美女从车厢头走到车厢尾，也没一个人加微信。要知道，这可是在“情人节”当天，花店里的玫瑰花一枝能卖到 30 多元。

地铁里找人扫码加微信，看来这位美女还没摸到私域流量池的“门”。

私域之门就是视频号和公众号。

有人可能会问，为什么不是微信群，为什么不是个人微信呢？要回答这个问题，必须明确一点：内容是获得粉丝最有力的武器。这一经过实践检验的逻辑，不但适用于微博、抖音、淘宝，更适合微信生态。而目前为止，公众号、视频号是微信生态里最主要的两个内容生产平台，微信本身也在大力扶持原创内容。可以说，在内容为王的时代，如果一个 IP 想要获得粉丝，一定要做好自己的视频号或者公众号。

而在视频号和公众号之间，如果要二选一的话，应该考虑视频号。

2020 年之前的图文内容时代，微信公众号产生了“罗辑思维”“连岳”“吴晓波频道”“凯叔讲故事”等千万粉丝级大 IP，这些大 IP，无一不是通过内容的精耕细作而获得商业上的成功的。

进入 2020 年后，公众号的打开率大大降低，短视频和直播取代图文，成为内容输出的主流模式，也成为获得精准粉丝的最主要手段。而在微信生态里，担负这一重要角色的正是视频号。可以预见的是，会有成千上万的垂直 IP，通过精准内容的输出，在视频号上获得自己的精准粉丝。

因此，尽管公众号还有其他不可替代的价值，但单纯从获客角度来讲，视频号比公众号更重要。

Part 3 用精准运营，让粉丝转化率更高

2021 年“双十一”前夕，开美容院的张美丽在自己的微信群里准备开招商会，一轮红包过后，又整了几轮抽奖，大家情绪都被调动起来了。然而，就在群里 400 多个意向客户准备听她介绍产品的时候，一个竞争对手在群里大放厥词，攻击张美丽是“割韭菜”，还把自己的联系方式公布在群里，说完便扬长而去，主动退群。

后来，群里另外两人反映，此人这几天在不断地加她们的微信。类似的事情，各个行业，每天都在发生，如何避免这种“炸群”的尴尬局面出现呢？

答案：必须通过微信号对粉丝进行精准运营。而对流量的甄别，是精准运营的一部分。一对一精准运营是腰部 IP 的必选项。

能实现一对一精准运营的只有微信号，包括个人微信号和企业微信号。微信号在精准粉丝的运营过程中主要负责以下工作：

加粉：导流增粉的时候，如果有四个选项：个人号、微信群、公众号、视频号，你会引导粉丝关注哪一个呢？答案：个人号。当然，如果你不打算做自己的私域流量，而仅仅想做自媒体账号，那可以选择视频号和公众号。

甄别：通过和粉丝的一对一交流，你会发现有些人可能是竞争对手，有些是想要抢红包的吃瓜群众，有些是意向客户，有些是精准粉丝，要对这些不同类型的粉丝进行甄别，并标记。

分层：完成对粉丝的甄别后，要对不同粉丝进行分类管理。意向客户直接交给销售去成交，精准粉丝可以邀请进“用户群”进行统一管理，一定要小心竞争对手或者同行，不能让其进入自己的用户群。

互动：成为好友后，就可以进行流量的精准互动了。如果你是负责流量运营的，除了和用户在朋友圈用点赞、评论等方式进行互动外，建议你设计一个日程表，把和用户进行的一对一沟通，作为每天的例行工作。

私域流量的精准运营，任务很重。但经过一对一的加粉、甄别、分层、互动后，流量池里的流量纯度更高，黏度更强，转化率更高。

Part 4 月入百万的私域玩家的变现密码

视频号和公众号是私域流量池的入口，微信号负责私域流量池的精准运营，那么，变现成交在哪里呢？

很多人可能觉得应该是直播间，但答案是微信群。

那些月入百万的私域玩家，都是同时在多个群里变现的。一个典型的腰部 IP 的变现场景应该是这样的：

在直播时，链接先被分发到几个“直播天使群”，几百个天使用户把链接分发到自己管理的几百个“直播用户群”，然后这些普通用户又把直播链接进一步分发到几千个“直播快闪群”。

腰部 IP 在直播间介绍产品或者课程时，不同层级的代理商、分销商在自己管理的群里进行拼团、发优惠券、秒杀等活动，进行批量成交。

这种成交模式表面上是靠直播，但本质是靠群内精准私域流量的成交，转化率非常高。因此，对腰部 IP 而言，成交主战场不是直播间，而是微信群。

关于如何搭建私域流量池，以上就是全部的内容，最后希望你能记住四句话，把私域流量“装”进你的兜子里：

用“社群铁三角”构建私域流量池；

私域流量池的入口是视频号和公众号；

私域流量池的精准运营要靠微信号；

私域流量池成交的主战场在微信群。

“虎”动时刻

在视频号上做引流，小 A 说直接进粉丝群，小 B 说先加微信，再进粉丝群。你同意谁的意见?

扫码，听听虎哥怎么说。

第四节
摸到私域流量池的“门”

自 2022 年 6 月以后，随着老罗在抖音官宣“退网”，很多人担心“交个朋友”直播间再也交不到朋友。然而，在罗永浩离开后，直播间数据并没有太大波动。为什么呢？

一个重要原因就是“交个朋友”有强大稳定的私域流量作为后盾，尤其是在流量入口的设计方面，做得非常成功，每天都有大量精准流量通过这个私域之门进入他们的私域流量池，他们的方法值得做腰部 IP 的伙伴学习参考。

这一节，我们就来学习：腰部 IP 如何摸到私域流量池的“门”。

Part 1　私域流量池的“门”在哪里

在“交个朋友福利社”这个公众号上，除了会经常收到各种直播信息外，还会找到一个邀请你加入微信群的链接，这个链接上有“交个朋友酒水食品”“交个朋友母婴生活”“交个朋友运动户外”等十几个垂直微信群。

比如，你点击“交个朋友酒水食品”群的“立即加入”按钮，“酒水食品助理”会自动加你微信，邀请你进入“交个朋友酒水食品”群。

很多优秀的腰部 IP 都会在视频号和公众号上做类似的事情，为什么呢？

在社群铁三角构成的私域流量池模型里，视频号和公众号是私域流量池的入口，是粉丝进入 IP 私域流量池的大门。口大吃四方，流量之门要做大、做多。

私域流量池的大门做得好，就能源源不断地让大量精准粉丝进来；反之流量就会非常小，甚至断流。

接下来，我们介绍如何在微信生态里，用公众号和视频号设计自己私域流量池的入口，把私域流量池的“门”做好。

Part 2　公众号，现在还要做吗

“公众号阅读量下滑太厉害了，还有没有必要做？”

这是很多腰部 IP 最近在问的一个问题，时间、精力、资金都有限，公众号又没多少阅读量，粉丝都在看抖音、视频号，那还要不要做公众号呢？

虽然从 2021 年开始，公众号阅读量就在持续下滑，但是作为腰部 IP，还是有必要做的，原因有三个。

第一，公众号可以和视频号相互导流。比如，你在“老虎微运营”的公众号上，可以看到视频号“虎哥 IP 俱乐部”的入口。同样，在“虎哥 IP 俱乐部”的视频号首页，也能看到“老虎微运营”的入口。

第二，公众号推文能和视频号配合，将流量导入微信群、个人微信、企业微信。

打个比方，如果你想把收看短视频的粉丝邀请进微信群，就要用公众号推一篇文章，提前在文章里插入群二维码，并引导粉丝加群。当你发短视频的时候，把文章的链接复制插入到短视频下面，最后在短视频里引导粉丝点击视频下面链接即可。

第三，公众号可以搭载小鹅通、有赞等强大的SaaS系统。比如，你想在自己的微信群里，做会员积分、签到打卡、分销拼团等，这些功能都可以用SaaS（软件服务）系统实现。

因此，对于腰部IP而言，公众号还是要做的，只不过其价值更多是导流、互动、变现、裂变等运营功能，而非吸粉，这一点是需要特别注意的。

Part 3 亲测有效，这三招让你的视频号粉丝猛增

在微信生态上，2021年后，视频号就是最重要的流量入口，腰部IP获得精准粉丝最有效的方法有三个：

第一，垂直内容输出

这是腰部IP涨粉最重要的一种手段。到目前为止，视频号上几乎所有的IP，都是依靠内容不断积累粉丝的。与头部IP不同的是，腰部IP的内容需要更精准、更垂直，虽然粉丝少，增长缓慢，但都非常精准，利于后期转化。

第二，IP私域直播

用IP私域直播的方式为视频号增粉，效果非常显著。

腰部IP开直播的时候，可以请自己的天使用户、代理商、员工、合作伙伴，将直播链接分享到所管辖的私域流量池，引导粉丝关注。

打个比方，明晚8点视频号直播间跳健身操的大表哥，会在今晚让自己的健身大使小A把明晚的直播海报分享到“小A健身群”，只要预约直播并关注大表哥视频号，小A就给发99元的直播课优惠券。这样，大表哥视频号的粉丝马上就会往上涨。

让离自己近的人为视频号增粉，这种增粉的方法，特别适合那些有自己天使用户的腰部IP。

第三，腰部IP相互推

比如你的微信通讯录有4000位联系人，我有3500位；你的视频号有

1000 位粉丝，我的视频号有 1200 位粉丝；此外我们两个微信群、公众号的粉丝数量也都差不多，是同一个量级。我们就可以相互推广，为视频号增粉，简称“互推”，所谓互推就是让自己的粉丝关注对方。

这种互推增粉的方式要注意三点：

第一，客户群体相同。比如，你的精准粉丝是中年大叔，我的是小学生，就没必要互相推广了。根本就不是一个赛道，加了关注也没啥用。

第二，产品一定互补。如果你和别人卖的是同一类产品，甚至是竞争产品，就不要互推了。

第三，量级一定相当。你有 1000 名视频号粉丝，而对方有 10000 名粉丝，你去找对方互推，对方肯定不愿意。合作讲究“平等交易”，大家都心照不宣。

互推的前提是量级相当、产品互补，这是一定要遵循的原则。

Part 4 千万别让关注你的粉丝取关

许多粉丝关注了你的公众号或者视频号，就好比一家街边小餐馆突然涌进十几个人来吃饭，如果店家不安排桌子让他们坐下点菜，这些粉丝很快就会走掉。这就是分流的关键价值，分流就是让不同粉丝各就其位。

就像顾客进入商场大门后，商场会对其进行分流引导，比如，在客流量大的入口处放醒目的标志，引导顾客：一层是喝咖啡、吃饭的地方，二层主要是母婴用品，三层是女士用品，四层是男士用品，总之对不同的客流进行引导，让他们尽可能在进入商场后快速找到自己想去的地方。

同样，粉丝关注公众号和视频号后，也必须进行分流引导，让粉丝“戳进”想点的链接，一般有如下五种分流方式。

第一，导入个人号。如果需要对粉丝进行甄别，你可以在公众号菜单，或者视频号的链接上，插入个人微信号或者企业微信号二维码，让粉丝扫码加微信，要注意防范竞争对手或者不怀好意的人加入。

第二，导入微信群。几乎所有的IP都会有自己的粉丝群。比如前面提到的“交个朋友福利社”，你关注这个公众号后，会发现公众号的菜单里有腰部IP的微信群入口，卖酒的，卖运动装的，卖零食的……

第三，导入直播间。直播带货的IP会在自己的公众号和视频号上发布直播预告和带货清单，通过公众号发出海报，设置直播入口，并在短视频下面植入直播链接，尽可能多地邀请粉丝进入直播间，进行变现。

第四，导入SaaS微商城。开发一个SaaS系统的微商城，挂在公众号的菜单上，粉丝看到后点击进入，会看到商城上的各种产品，喜欢什么买什么。

第五，导入某一款产品。比如，粉丝关注了小兹穿搭的视频号，置顶的一条视频是小兹在介绍一款冬季的羊绒大衣。短视频下面公众号推文里就是大衣的购买链接。

分流这个环节特别重要，分流就是不让关注你的粉丝取关，让他们在公众号和视频号上快速找到想看的东西，这是很多腰部IP容易忽略的一个关键点。

“虎”动时刻

如何快速为自己的视频号增粉？看完这节内容后，谈谈你接下来的打算。

扫码，听听虎哥怎么说。

第五节
今天你好好发朋友圈了吗

2022年10月，在大家备战“双十一”的时候，我到客户小Q的公司做IP咨询，发现一件有趣的事情。做海参和燕窝生意的小Q，团队一共才四个人，但他们的电脑桌上都有一个小旗子，上面写了一句话：

“今天你好好发朋友圈了吗？”

在生意越来越难做的疫情期间，小Q四人的小团队，通过微信上的20000多个精准用户，一年能做到800多万的销售额，靠的就是“好好发朋友圈”。

这一节，我们聊聊朋友圈私域流量的精准运营。

Part 1 朋友圈就是用来卖货的，这是真的吗

朋友圈是卖“人”的，不是卖货的。这里的“人”指的是IP人设。

“IP和微商有什么区别？”简单说，微商输出的全部是营销广告，每天疯狂刷屏，除了产品，几乎没有什么有价值的内容；而IP呢，工作内容比重并不大，特别是硬广少，大部分还是生活、学习等日常分享，朋友圈还是“朋友圈”。做IP，别把“朋友圈”做成“营销圈”。

大家往往有一个误解，以为 IP 不会卖东西，变现能力差。其实恰恰相反，IP 比微商的变现力更强。只不过，IP 是更有效、更优雅地“卖”，和微商相比，有三个大的区别：

1. 卖的东西不一样：打造自己品牌形象，卖的是 IP 人设；

2. 获客方式不一样：通过优质内容吸引人，而不是折扣价格；

3. 销售顺序不一样：先交个朋友，卖产品之前先把自己“卖”出去。

朋友圈是用来“卖”人的，不是卖货的，这是所有腰部 IP 要明确的第一件事。

Part 2 按这四步发圈，让用户主动找上门

如何在朋友圈打造自己的 IP 人设，让目标用户主动找到你？核心就是我们在本书第一章第三节讲过的腰部 IP 公式：

腰部 IP= 靠谱 + 专业 +X

即通过内容输出，塑造自己靠谱、专业且 X 的 IP 人设，具体来讲可以按如下步骤操作：

第一步，明确要打造什么 IP 人设

明确你朋友圈内容输出的目的，是打造一个“靠谱 + 专业 +X”的 IP 人设。靠谱是指确定感，专业是指有手艺，是行家里手，而 X，就是你的调性，你能输出的独特情绪价值。

打个比方：中国有成千上万的法官、律师、法学院教授，为什么中国政法大学的罗翔教授会火？一个重要原因是，除了靠谱专业外，一提到他，人们总会想起“法外狂徒张三”的各种段子。罗翔是一名“会讲段子”的幽默且犀利的法学院教授。因此，幽默犀利就是罗翔这个 IP 的调性。那么，你的 IP 调性是什么呢？

第二步：提升颜值，朋友圈装修

发内容之前，需要做好个人号的装修，最核心的是以下四个广告位：

1. 朋友圈封面——位于朋友圈的最上方，很多人都没好好利用它，这个位置不仅仅可以放图片，还可以插入视频号的短视频。

2. IP 头像——位于朋友圈封面的下方，一定要用 IP 人设照，切忌使用一朵云、一片森林等过于随便的图片。

3. IP 名称——IP 头像左侧，给自己好好起个 IP 名称吧，别在 IP 名称里使用字母、符号、数字，除非你不想让别人记住。

4. IP 签名档——位于头像下面的位置，一般会放 IP 的口号或者 IP 的“招牌菜”，或者 IP 的联系方式。

第三步，用 310 黄金法则规划内容

在打造 IP 的时候，应该在朋友圈发什么内容呢？这是很多人纠结的问题，老虎微运营总结出了“310 法则”，来帮大家进行日常内容的规划。

什么是“310 法则”呢？

如图 5-2 所示，我们可以把朋友圈内容分为学习内容、生活内容、工作内容三大类，每天都要发。

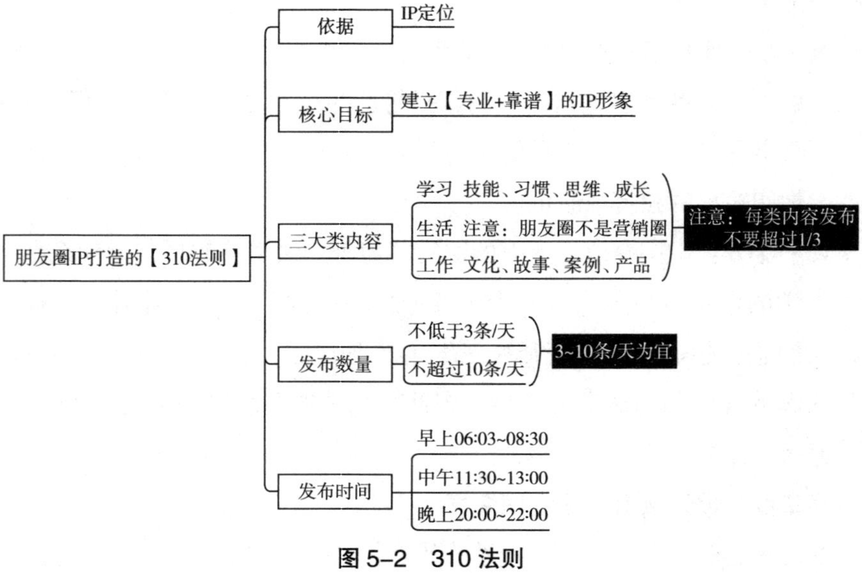

图 5-2　310 法则

3~10 条：按照以上三大类，每天发 3~10 条，不要太多，也不要太少。

1/3 分割线：工作内容，特别是营销内容不要超过 1/3, 要发的话，最好也是基于内容的软性营销。

第四步：持续准点发圈

周一到周五，早中晚的最佳发布时间分别为：

早上：6:30—8:30

中午：11:30—13:30

晚上：20:00—22:00

这些时间都是大家容易刷微信的时间，是上班路上的时间、午餐时间、晚餐后的时间，其他时间不建议发。

另外，还有一点需要注意，你在某个时间段发哪一类的内容，最好固定。比如虎哥自己的朋友圈每天早上 7 点前的第一条内容是“每日一问”，通过一个问题和朋友圈的朋友做个互动。

Part 3 花 5 分钟，给你的粉丝分类

粉丝分类是为了精准运营。

微信通讯录里的粉丝，从成交的维度，大致分为三类：

1. 吃瓜群众：看热闹的人，目前不是你的粉丝。长期“吃瓜”的群众可以清除掉，把位置留给接下来新进的粉丝。

2. 普通粉丝：是你的粉丝，会关注你的产品和服务，但目前还没有什么明确需求，当他们有需求的时候，会找你。

3. 精准用户：本身有需求的用户，对你发的内容很认可，也是最接近成交的一类用户。

把以上三类用户，用微信通讯录里的“备注”功能，进行分级，比如分别在微信昵称前面按照 A、B、C 进行区分。可以按照如下步骤操作：

1. 打开微信“通讯录”；

2. 选择一位粉丝，向左滑动，出现“备注”字样；

3. 给粉丝添加标签和备注。

通过以上方法完成对粉丝的分类，再根据不同粉丝类别进行有效互动。当然，你也可以按照自己的习惯给粉丝分类。

Part 4 只有 10% 的人会用的互动神器，你知道吗

高频互动，才能产生强连接。

下面这五款最重要的朋友圈互动工具，完全熟练掌握的人很少，一定要学会：

1. 1 对 1 互动：1 对 1 和朋友聊天，单独给某人留言、点赞。

2. 1 对 9 互动：在发出一条内容的时候，选择“多选”，可以将这条内容一次性发给 9 个人或者 9 个群。

3. 1 对 200 互动：一次可以发给 200 人，操作步骤：“设置”—“通用”—“辅助功能”—“群发助手”。

4. @ 提醒谁看：朋友圈发内容的时候，在编辑好的内容下方，有一个“@ 提醒谁看”的按钮，最多可以 @10 个相关人士收看你的内容。

5. 谁可以看：一条内容发出后，不想让吃瓜群众看见，只让精准用户看见，怎么操作？你可以在发送之前，点击内容下方的“谁可以看”的按钮，屏蔽某些人。

Part 5 不知道怎么和粉丝精准互动？看这里……

粉丝类别决定互动方式、频次、内容。

简单来说，用户越重要，互动越高频，越需要精准和个性化。根据划分出的三类粉丝，会有三种不同的互动方式，分别列举如下：

1. 吃瓜群众：可以每两个月甚至三个月互动一次，根据 IP 自己的时

间，通常的做法是采用微信自带的群发助手功能，推送一次信息，看看对方的反应。具体操作步骤如下：

“我—设置—通用—辅助功能—群发助手—开始群发—新建群发”。

一次最多可以推送200位粉丝，推送的内容要避免广告，可以是活动邀请，比如，“今晚有个IP打造的分享，感兴趣的话回复1”。

经常回复你的，可以考虑升级到普通粉丝。

2. 普通粉丝：可以每月互动一次，如果粉丝不多的话，可以每两周或者三周互动一次。互动工具除了群发助手功能外，还可以采用“9连发”的工具，即微信自带的一次可发9个人或者9个群的功能，具体操作如下：

在对话框内长按某条信息；出现对话框后，如果只发送本条信息，直接按“转发”，若要发对话框内其他信息，选择“多选”后再转发；选择微信页面右上角“多选”；选择自己要推送的多个粉丝一次性推送，最多9位。

对于经常回复你，或者回复速度非常快的粉丝，要特别留意，因为这类粉丝已经可以升级为精准用户了。反之，若很久没有互动，就降级为吃瓜群众。

3. 精准用户：1000个通讯录好友里，除去400个吃瓜群众和500个普通粉丝，精准用户的数量往往不足100人。这些极有可能未来购买产品或服务的人，需要更加高频、主动的互动。这种互动不是让你每天给粉丝推送广告，而是每天对这类粉丝的评论、留言进行回复，甚至一对一交流。比如虎帮服务过的一个做幼教的IP，每天下午会抽出半小时，对那些给自己朋友圈内容点赞、留言的学生家长进行回复，与重点用户一对一沟通。

主动查看精准粉丝的朋友圈，了解他们的最新动态，在互动的过程中，更能把握用户的需求。

此外，当你朋友圈发送一些精准内容时，也可以提醒这些精准用户收看。

以上，就是朋友圈私域流量精准经营的五个关键点，即：

朋友圈不是卖货的；

发圈打造 IP 的四个步骤；

把粉丝分为三大类；

朋友圈五款粉丝互动工具；

精准互动的方法步骤。

“虎”动时刻

腰部 IP 的朋友圈一定要日更吗？谈谈你的看法。

扫码，听听虎哥怎么说。

第六节 玩转快闪群、用户群、裂变群

在周六下午 2 点，你要做直播。现在是周四晚上 8 点，你看了下自己的视频号直播预约人数，才 7 人。怎么办？你很焦虑，这样下去，估计周六直播的时候，直播间里 20 个人都没有。

这时候，如果你有 1 个 100 人的精准粉丝群，情况会怎样？

如果有 100 个 100 人的精准粉丝群，情况又会怎样呢？

我相信，你的焦虑会得到很大缓解。

这一节，我们来讲腰部 IP 如何做好群运营，比如如何搞定 100 个甚至更多的群？

Part 1 群裂变飞轮，让群飞起来

要想达到这样的目标，你需要知道“群裂变飞轮”。

所谓群裂变飞轮，就是通过“快闪群”“用户群”“裂变群”形成的群增长循环圈。其执行步骤如图 5-3 所示。

1. 策划一次线上快闪变现活动，从线上线下各种渠道导流，所有流量进入多个“快闪群”；

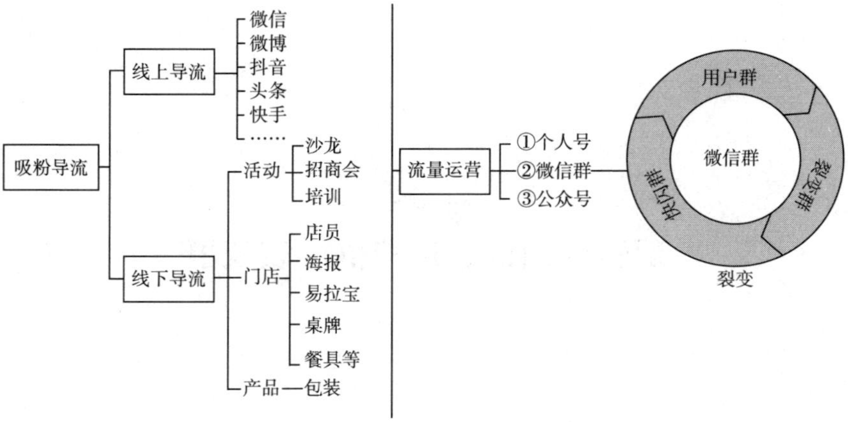

图 5–3　群裂变飞轮

2. 做完快闪活动后，付费用户进入“用户群”，所有“快闪群”解散；

3. 从用户群里筛选天使用户，组成“天使群”，重点经营。

4. 借助“天使群”执行下一次快闪变现活动，像之前一样提纯用户，提纯天使，依次往复循环，每循环一次，用户和天使都会增加一轮。

下面，分别看看快闪群、用户群、天使群的具体玩法。

Part 2　快闪群实战案例

一、快闪群是什么

快闪群就是变现完就解散的群。

变现形式，可以是读书会、众筹、招商或产品发布活动。

快闪，是虎帮借鉴线下的各种快闪活动形成的一套微信群变现模式，目的就是以最大限度、在最短时间内做转化。

二、快闪群案例

具体怎么玩呢？来看个例子。

2019 年 9 月 28 日虎哥举办了人生中的第三次个人演唱会。当时门票定价 419.28 元，要知道现在一些知名的歌手，门票也才 200 元左右。但是我们在演唱会前一周就卖完了所有门票。快闪群发挥了极其重要的作用。

9月6日晚上8点，虎帮在59个天使用户的支持下，做了一场线上“虎帮演唱会发布会”。59个“天使”非常给力，每个人都建了一个几百人的群，从01群到59群，群名、群公告都保持高度统一。

活动开始后，虎哥在直播间里讲了这次演唱会的初衷，发布了歌单，并且演唱了原创歌曲《额尔齐斯河》。与此同时，公布了早鸟门票的优惠福利。

之后，59个虎哥的天使用户就在各自的群里引导朋友们下单支持，结果当天晚上就售出100多张演唱会门票。

第二天晚上，为了不给天使用户带来太多的运营负担，我们在发布会结束24小时后，邀请买完门票的伙伴进入单独的群后，59个快闪群则全部解散。群运营属于重度运营，能运营一个就不要做两个。

图5–4　虎哥演唱会海报

三、快闪群运营地图

如何操作快闪群，可以参考图“5-5快闪群运营地图”，在执行过程中，需要注意如下三点。

1. 速度要快：短时间内聚集粉丝，并在线上变现。这需要长期的流量积累，否则，你是玩不起来的。所以，功夫都在平时。

2. 主题活动有吸引力：不是你的优惠力度大就可以，你要通过主题活动营造一个成交场景，在这个场景里大家会自然而然去支持IP。

- 如何玩转快闪群
  - WHY 群目标
    - 快速、短时间线上聚集大量粉丝
    - 通过快闪活动迅速变现或招商
  - WHAT 群主题
    - 主题随节日、庆典、新闻、热点事件等变化
    - 如圣诞节送礼、新闻发布会、过年秒杀季、新店开业、招商会
    - 备注：需要流量储备方可
  - WHEN 群寿命
    - 一般1~3天，若流量入口比较大，可每天举行1次，成交完毕即【闪】
  - WHO 职责分工
    - 分享人（主IP）
      - 直播、群内容制作与分享
      - 选择一定影响力的专业IP或营销IP
    - 成交人（IP市场）
      - 负责群内成交，一般由活动主持人担任
      - 成交话术、促销政策、下单链接、路径
    - 群管理员
      - 负责群内活动安排，包括规划分享主题、游玩、聊天等
      - 群管理员职责详细说明、群运营规划模板
      - 群机器人设置：欢迎语、群规、数据统计、合作商户跟进
    - 志愿者—粉丝
      - 职责：配合管理员烘托氛围、造势
      - 对象：有过连接且比较认可IP或公司产品的活跃粉丝
  - WHOM 群成员画像
    - 邀请对象
      - 潜在意向客户
      - 主IP的朋友、同学、粉丝等
      - 公司同事的亲友团
      - 天使用户的亲友（天使用户邀请）
    - 入群条件
      - 对快闪活动感兴趣的人
      - 愿意遵守群规的人
  - WHERE 邀约渠道
    - 裂变群
      - 赋能培训：方法工具提供，让天使用户具备【拉新】的能力
      - 激励机制：制定能让代理商、分销员心动的销售政策
    - 新媒体
      - 朋友圈邀约
      - 公众号、腾讯直播、微博、头条、抖音等导流
  - HOW 操作步骤
    - 策划群活动方案（提前3天）
      - 活动方案
      - 活动推动表
      - 人员分工表
    - 内部动员、培训（提前2天）
      - 明确量化的目标
      - 主要工作进程及职责分工说明
      - 激励政策宣读
    - 建群，明确职责分工（提前2天）—岗位及职责说明，提前导入机器人
    - 开营（提前2~3天拉人）
      - 开营准备及流程模板
      - 开营流程
        - 预热，含游戏，群主题，红包，邀请IP
        - 主持人介绍开营流程
        - IP发言、演讲
        - 主持人发布销售政策或合作模式（针对群内成员，入赞助商，礼品，活动安排）
    - 互动（每天固定时间互动）
      - 主持人：欢迎新人加入，宣布快闪活动时间、主题
      - 互动方式：抽奖、攒积分、秒杀、拍卖、团购、拼团、众筹、接龙、限额折扣二维码、会员卡
      - 志愿者和管理员群内互动，增强粉丝黏度
    - 快闪活动执行
      - 天使动员，锁定变现人员清单
      - 制定营销话术，请天使推送意向客户
      - 制定当天促销海报
      - 提前2天公布变现活动主题
      - 变现当天：早上6:00—8:00,12:00—12:30,17:30—19:00，三次推送公告
      - 活动提前半小时主持人出场，公布活动主题，邀请大家关注
      - 开场，主持人介绍当晚和活动流程、主题，对分享嘉宾-主IP进行宣导
      - 主IP主题分享，阐述自己、产品理念，IP故事，企业愿景、产品定位
      - 成交人发布福利政策
      - 志愿者下单，排名，晒单，引导其他人购买
      - 邀请各天使用户私信被邀请人下单
      - 管理员第一时间汇总数据，将已经成交的人拉入用户群
    - 收尾
      - 用户群提前准备好，邀请成交用户第一时间进入
      - 未成交意向客户，标注名单。等待第二次快闪群活动
      - 对未付款的订单，再次跟单、督促
      - 解散群

图 5-5　快闪群运营地图

3. 质量大于数量：粉丝的质量大于数量。依靠天使用户的定向邀请，可以很好地解决这个问题。

Part 3　用户群实战案例

一、用户群是什么

服务之外，用户群最重要的目的是“提纯”天使用户。

把用户聚集在一个群里，并从里面“提纯”一波天使用户，就是用户群的玩法。天使用户比普通用户重要 100 倍。天使用户包含两个类别：

1. 进阶的超级用户：比如从买 1000 元的产品，进阶到买 10000 元的金卡会员。

2. 成为你的合作伙伴：比如成为推广大使、分销商等，这是本节重点关注的。

二、用户群案例

皮特是一名跑步教练，他在 2022 年“双十一”的时候，通过 12 小时的直播快闪活动，招募了 100 多人，组建了一个名为“Peter 跑步营”的微信群。这些成员交了 1980 元报了他为期 30 天的跑步课程，在线上和皮特学习跑步。

皮特要求大家把每天在直播课里学习到的跑步技术，运用到第二天的跑步中，并且要大家在群里打卡每天的跑步截图。通过后台数据，皮特发现，30 天里，直播课老王就来了 6 次，打卡 11 次，平时也不在群里互动。而小张呢，每天都打卡，直播课每次都来，另外还经常在朋友圈里推荐自己的跑步课。

你看，小张就是皮特的天使用户。通过和用户互动，借助技术工具，分析并筛选出天使用户，是用户群最关键的目标。

三、用户群运营地图

如何操作用户群，可以参考图 5-6 用户群运营地图，在执行过程中，

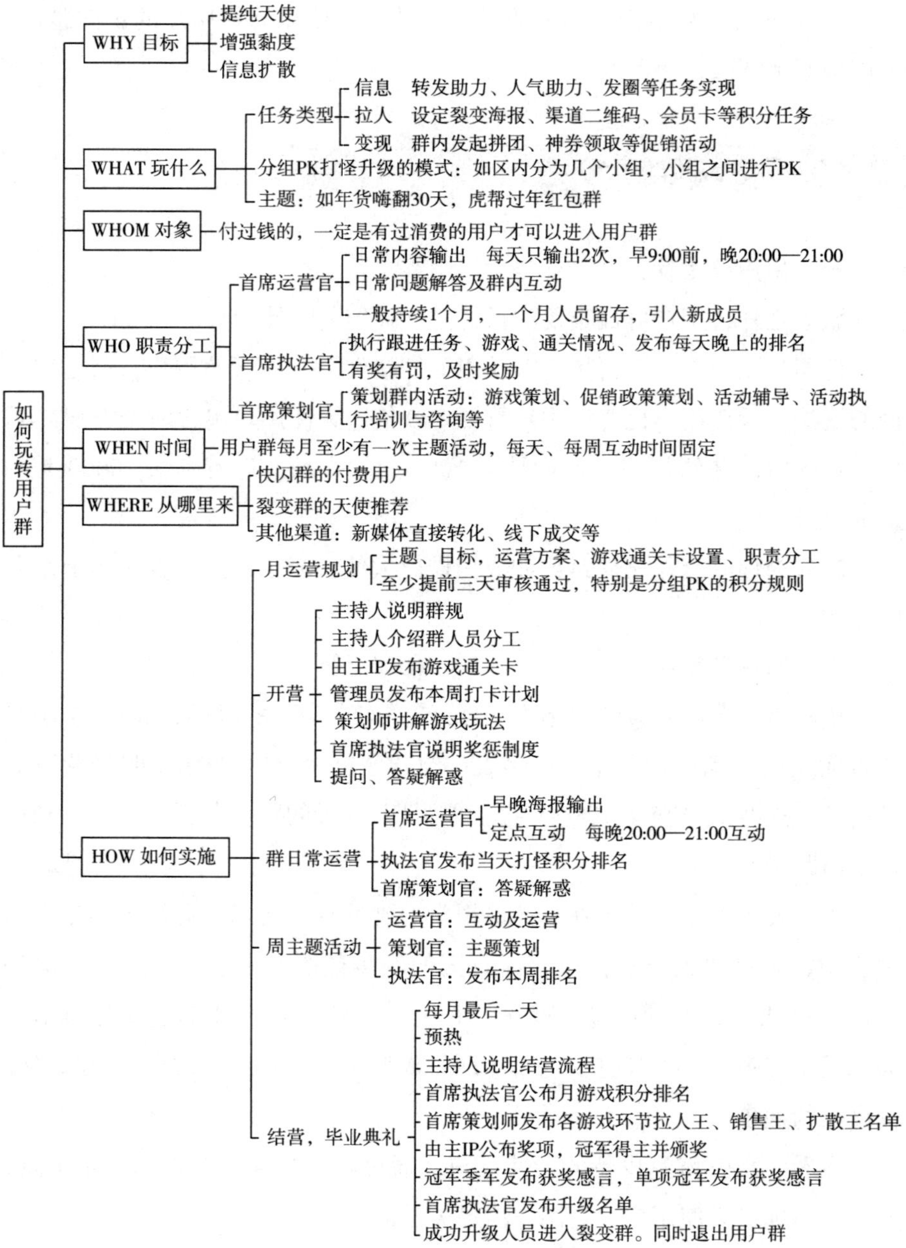
如何玩转用户群
WHY 目标
提纯天使
增强黏度
信息扩散
WHAT 玩什么
任务类型
信息　转发助力、人气助力、发圈等任务实现
拉人　设定裂变海报、渠道二维码、会员卡等积分任务
变现　群内发起拼团、神券领取等促销活动
分组PK打怪升级的模式：如区内分为几个小组，小组之间进行PK
主题：如年货嗨翻30天，虎帮过年红包群
WHOM 对象
付过钱的，一定是有过消费的用户才可以进入用户群
WHO 职责分工
首席运营官
日常内容输出　每天只输出2次，早9:00前，晚20:00—21:00
日常问题解答及群内互动
一般持续1个月，一个月人员留存，引入新成员
首席执法官
执行跟进任务、游戏、通关情况、发布每天晚上的排名
有奖有罚，及时奖励
首席策划官
策划群内活动：游戏策划、促销政策策划、活动辅导、活动执行培训与咨询等
WHEN 时间
用户群每月至少有一次主题活动，每天、每周互动时间固定
WHERE 从哪里来
快闪群的付费用户
裂变群的天使推荐
其他渠道：新媒体直接转化、线下成交等
HOW 如何实施
月运营规划
主题、目标，运营方案、游戏通关卡设置、职责分工
至少提前三天审核通过，特别是分组PK的积分规则
开营
主持人说明群规
主持人介绍群人员分工
由主IP发布游戏通关卡
管理员发布本周打卡计划
策划师讲解游戏玩法
首席执法官说明奖惩制度
提问、答疑解惑
群日常运营
首席运营官
早晚海报输出
定点互动　每晚20:00—21:00互动
执法官发布当天打怪积分排名
首席策划官：答疑解惑
周主题活动
运营官：互动及运营
策划官：主题策划
执法官：发布本周排名
结营，毕业典礼
每月最后一天
预热
主持人说明结营流程
首席执法官公布月游戏积分排名
首席策划师发布各游戏环节拉人王、销售王、扩散王名单
由主IP公布奖项，冠军得主并颁奖
冠军季军发布获奖感言，单项冠军发布获奖感言
首席执法官发布升级名单
成功升级人员进入裂变群。同时退出用户群

图 5-6　用户群运营地图

需要注意如下三点：

1. 目标是什么：做用户群投入大，对结果的要求一定要非常明确：向两个方向提纯，一是高阶用户，二是合作伙伴。

2. 主题活动：相比快闪群，主题活动周期都会长一点，一般都是 1 个月，也有 3 个月的。设计这种活动的关键是产品关联度，比如，卖跑步装备的喜欢搞跑步打卡群；搞培训的可以组织各种类型的训练营；卖快消品的，可以做各种类似囤货节的活动。

3. 自组织：用户群的运营很重，“自组织”是一个很好的办法。通过用户自发形成的组织，不但能降低运营成本，更能增加大家的参与度。

Part 4 裂变群实战案例

一、裂变群是什么

裂变群的目的是从 1 到多。

一个腰部 IP，随着用户的增多，可以不断从付费用户里提纯天使用户，从三五个，到十几个，到上百个。

腰部 IP 的天使用户越多，能够“裂变”的“快闪群”也就越多。你甚至可以借助天使用户，管理普通用户群。一个腰部 IP，如果只运营一个群，那肯定是“裂变群”。

二、裂变群案例

烟台的露西是虎帮正在孵化的 IP，她是做亲子绘本养育的腰部 IP。她有一个“露西亲子群”，里面有 27 位关系特别铁的 1~6 岁孩子的家长——天使用户。

当她有一个收费的直播课，售价 19.9 元，她准备通过这个直播课销售一个 599 元的亲子课。

直播开始前两天，她给 27 位“露西亲子群”里的成员，每人发了 30 张 19.9 元的优惠券，让他们分别组建一个自己的快闪群。凡是进群的家

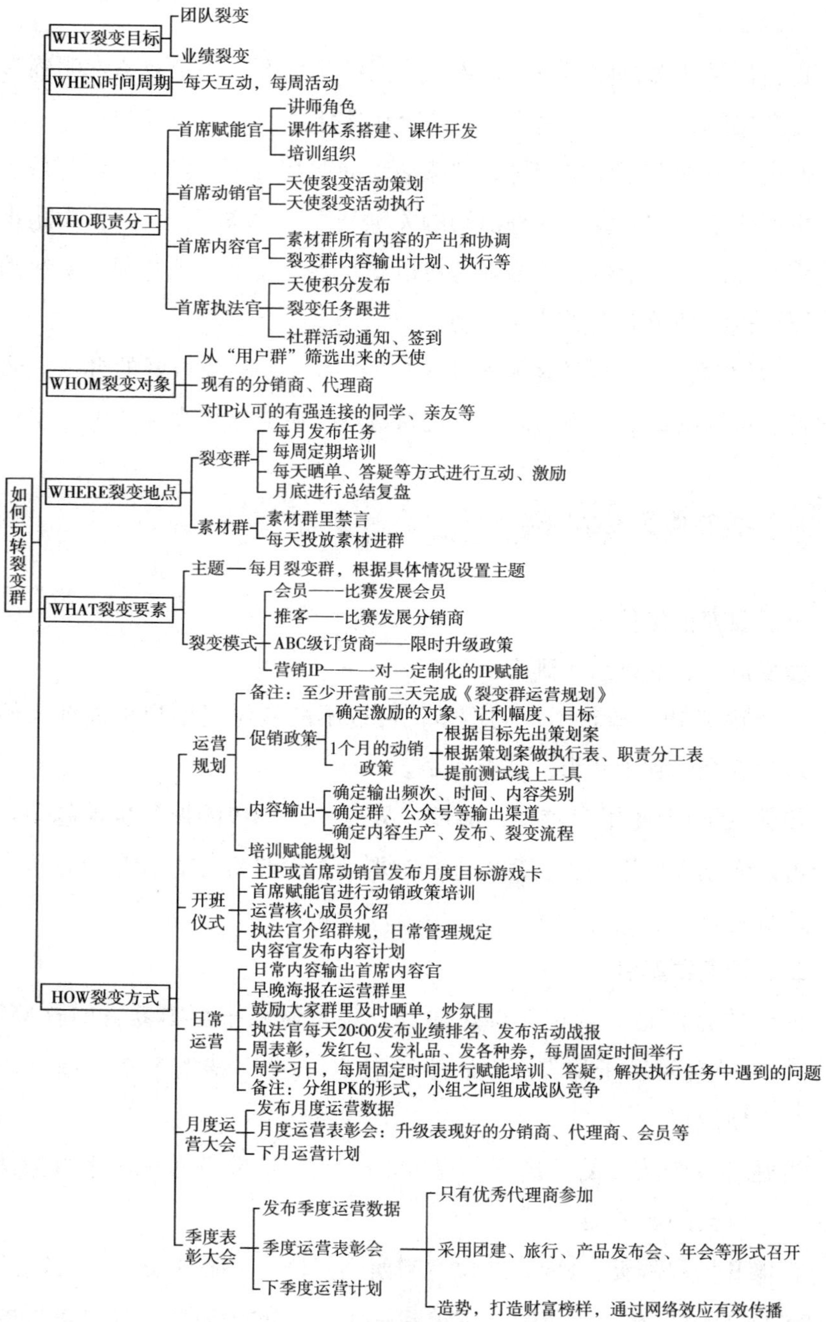
如何玩转裂变群
WHY裂变目标
团队裂变
业绩裂变
WHEN时间周期
每天互动，每周活动
WHO职责分工
首席赋能官
讲师角色
课件体系搭建、课件开发
培训组织
首席动销官
天使裂变活动策划
天使裂变活动执行
首席内容官
素材群所有内容的产出和协调
裂变群内容输出计划、执行等
首席执法官
天使积分发布
裂变任务跟进
社群活动通知、签到
WHOM裂变对象
从“用户群”筛选出来的天使
现有的分销商、代理商
对IP认可的有强连接的同学、亲友等
WHERE裂变地点
裂变群
每月发布任务
每周定期培训
每天晒单、答疑等方式进行互动、激励
月底进行总结复盘
素材群
素材群里禁言
每天投放素材进群
WHAT裂变要素
主题一每月裂变群，根据具体情况设置主题
裂变模式
会员——比赛发展会员
推客——比赛发展分销商
ABC级订货商——限时升级政策
营销IP———对一定制化的IP赋能
HOW裂变方式
运营规划
备注：至少开营前三天完成《裂变群运营规划》
促销政策
确定激励的对象、让利幅度、目标
1个月的动销政策
根据目标先出策划案
根据策划案做执行表、职责分工表
提前测试线上工具
内容输出
确定输出频次、时间、内容类别
确定群、公众号等输出渠道
确定内容生产、发布、裂变流程
培训赋能规划
开班仪式
主IP或首席动销官发布月度目标游戏卡
首席赋能官进行动销政策培训
运营核心成员介绍
执法官介绍群规，日常管理规定
内容官发布内容计划
日常运营
日常内容输出首席内容官
早晚海报在运营群里
鼓励大家群里及时晒单，炒氛围
执法官每天20:00发布业绩排名、发布活动战报
周表彰，发红包、发礼品、发各种券，每周固定时间举行
周学习日，每周固定时间进行赋能培训、答疑，解决执行任务中遇到的问题
备注：分组PK的形式，小组之间组成战队竞争
月度运营大会
发布月度运营数据
月度运营表彰会：升级表现好的分销商、代理商、会员等
下月运营计划
季度表彰大会
发布季度运营数据
季度运营表彰会
只有优秀代理商参加
采用团建、旅行、产品发布会、年会等形式召开
造势，打造财富榜样，通过网络效应有效传播
下季度运营计划

图 5–7　裂变群运营地图

长，每人发一张优惠券，可以免费看直播。直播当晚，27 个天使用户的群里，有 439 名精准潜在用户。

直播还没开始，3 人团已经拼团成功 7 个，即 21 人已经报名付费。

通过这样的真实案例，你能明显感觉到社群裂变是极其重要的一环，而这里“裂变群”的运营是三类群里最重要的一环。

三、裂变群导图

如何操作用户群，可以参考如图 5-7 裂变群运营地图，在执行过程中，需要注意以下 3 点：

1. 如何起步：最开始的天使用户，就是你的熟人，从中找出第一波认可你产品的人，请他们帮忙做第一次快闪活动，测试你的产品；

2. 群要分类：运营群和素材群一定要分开，前者进行互动，后者提供素材弹药；

3. 裂变工具：对于腰部 IP 而言，有赞、小鹅通等第三方平台提供的拼团、分销、邀请码、优惠券等工具，已经够用了。

这一节，虽然 80% 的篇幅在讲快闪群、用户群、裂变群的玩法，但实际是在讲群裂变飞轮。做群的运营，方法千千万，工具每天都在更新，但是记住这个模型，就掌握了群运营的底层逻辑。

“虎”动时刻

快闪群做完一次快闪活动后，最好立即解散，这是虎哥的建议。你同意吗？为什么？

扫码，听听虎哥怎么说。

第七节
粉丝管不好？用分布式私域流量池

2020 年 5 月，虎哥接待了一位来自济南的 L 女士，她开了三家蛋糕店，给在校大学生定做蛋糕，早餐卖三明治、面包。三家店分别开在三所不同的大学里。L 女士找虎哥，一不是为了变现，二不是为了吸粉引流，而是为了解决她的苦恼：负责私域流量运营的人工成本太高，而且经常出错。

后来一聊才知道，她把三家店里 5 万多粉丝、200 多个微信群，全部集中在总店的五个人手里运营。这样算下来，差不多一个人要管理 10000 多个用户，这怎么管？不乱套是不可能的。

Part 1 粉丝管不过来，怎么办

一个腰部 IP，私域流量池里有几万精准粉丝是再正常不过的，如何有效经营来之不易的粉丝，避免出现 L 女士的问题呢？这就是本节要讲的：分布式私域流量池。

分布式私域流量池就是化整为零。

不管多么高效的“私域中心”，都没法对并不熟悉的几万、几十万私

域流量进行精准运营。如果把四面八方的流量都放在一个大池子里，既管不好，也管不过来。与其如此，不如将私域流量的巨大运营压力，分摊到不同的分支机构或个体。

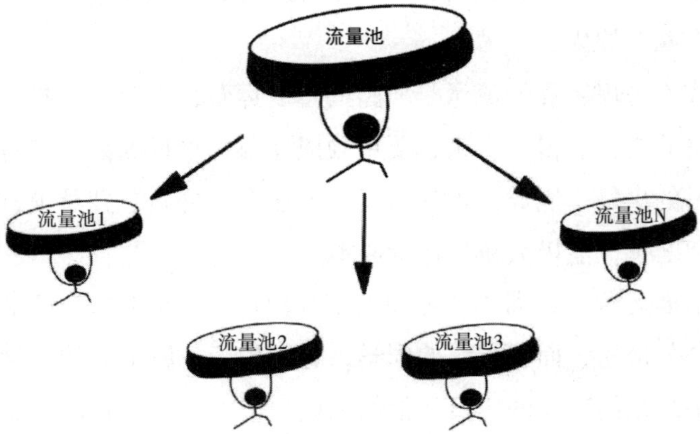

图 5–8　分布式私域流量池

如图 5-8 所示，分布式私域流量池就是把一个大池子分成多个小池子，让多人分头管理。有点像从吃大锅饭到包产到户。

比如蛋糕店老板 L 女士，一共有三家门店，每家门店有全职店员三个，另外还在所在的大学里招募了十来个兼职大学生。这样算下来，一家门店有员工 15 人左右，三家门店的员工人数接近 50 人。

在这种情况下，我们给 L 女士的建议是：把原先 50000 多来自各个学校的粉丝，按照就近原则，匹配给对应的门店。然后各个门店的店长，再把属于自己门店的微信群、微信号，匹配给店员和勤工俭学的兼职大学生。

Part 2　高效不废人，谁会不喜欢

按照我们的建议，两个月后，各个门店的社群逐渐热闹起来，销售额

开始大幅度增加。但 L 女士原先总部负责私域流量的人不但没增加，反而裁撤了一半。

这是一个真实的通过分布式私域流量池减员增效的故事。对于腰部 IP，尤其是有几千几万粉丝时，一定要做分布式私域流量池。为什么呢？主要有以下两个原因：

（1）成本考虑：私域流量是典型的重度运营，引流、增黏、变现、裂变，工作量非常大。量一上来，要单独成立部门管理的话，绝对不是几个人可以应付的事情。因此，把流量运营的压力“分布”到员工、合伙人那里，是明智之举，能极大减少运营成本。

（2）精准运营：让离用户近的人招呼用户。L 女士总部员工在济南市中心一个办公楼里，而买蛋糕的同学，分别位于三所不同的大学，用户平时接触最多的是门店里的店员，他们离用户最近，更了解用户需求，更能提供一对一的精准服务。

Part 3 按这三步，对 10 万粉丝实现精准运营

如果一个腰部 IP，能依靠 IP 矩阵里的营销 IP、运营 IP 等角色，搭建一个高效的分布式私域流量池，10 万甚至更多粉丝的私域流量，都能实现高效的精准运营。那么，如何搭建这样的一个分布式私域流量池呢？可以按照以下三步：

第一步：从 0 到 1，打造样板间

先在腰部 IP 的一家门店、一个员工或者一个天使用户那里，把吸粉、增黏、变现甚至裂变的环节跑通。0 到 1 没跑通就别往下走。

比如大二学生杰克，看到 L 女士蛋糕店门口“免费领咖啡”的广告，进店后，店小二让杰克关注公众号。关注完毕后，杰克微信上收到一杯价值 15 元的咖啡优惠券。但是提示，只有扫码进群才能领。于是杰克进了群，用 15 元优惠券免费领了一杯咖啡。杰克领完咖啡后，发现公众号上还赠送了一

张价值100元的优惠券，以后每消费满20元，可以用一张5元的优惠券。

于是，每次想吃三明治时，杰克都会来L女士的店，同学过生日时，杰克也会向他们推荐该蛋糕店，并用自己的优惠券来买蛋糕。

你看，不管是免费领咖啡，还是进群发优惠券，在工作流程和工具设置上，都需要提前设置好，包括群里的自动回复欢迎语等环节，都需要从引流、增黏、变现和裂变4个维度，考虑彼此的衔接。

第二步：经验萃取，SOP（标准操作流程）制定

从0到1的路走通之后，先不要着急大规模复制，而是要制作标准操作流程。吸粉、互动、变现、裂变这四大模块，每一个模块，都要从“样板间”里汲取有价值的养分，提出成功经验。所谓SOP其实就是可复制的成功经验。

比如通过杰克从路人到粉丝，从粉丝到用户，从用户到推荐人的案例，我们可以萃取出门店私域流量池SOP的核心点：

店门口设置醒目的进店福利“免费领咖啡”，让用户可以老远地看到，具体福利门店可以自己来定。

（1）用户进店后，店员一定先引导其加公众号，否则没法领取免费咖啡券；

（2）领完免费咖啡券，进群兑换咖啡。群里的自动欢迎语、群活动、群打卡福利、群规等需要提前做好设置；

（3）用户兑换完咖啡后，公众号赠予“100元优惠券”，自动升级为会员；

（4）把这些门店私域流量运营的关键点提炼出来，就可以着手制作的《店员私域SOP》了。其他行业，也可以如法炮制。

第三步，从1到多

一旦SOP提炼出来了，就可以从1到多，快速进行私域流量池的复制。这时候，腰部IP需要做好“2会1赛”：

动员会：为什么要做分布式私域流量池，一定要讲清这一点。比如蛋糕店里的店员小艾有抵触情绪，觉得是在给自己加活儿。后来通过一对一的动员，小艾明白了，这个分布式私域流量池，其实是自己手里的一块

“自留地”，是可以在平时工资收入不变的基础上，通过社群运营，为自己增加收入的。

培训会：解决“怎么做”的问题。有了动力，没有方法也不行。方法就是持续的各种形式的辅导和培训。比如，L 女士请虎哥团队对一线店员进行线下快闪群运营的培训和线上每周 SaaS 工具的培训，每月进行月度复盘。

擂台赛：有动力，有方法之后，就可以开始“擂台赛”。

通过一种游戏通关比赛的形式，设置各种奖励，激励大家快速行动，相互 PK。比如，L 女士可以给三家蛋糕店里的十多名店员和四十多名兼职的大学生，搞一场“我是大群主”的比赛，评比一个月内谁群里的用户最多。通过这个比赛，三家店一个月就新增用户 5000 多。

通过比赛带动整个组织的竞争氛围，让私域流量池在各地分公司、各级代理商那里遍地开花。同时奖励做得好的单位和个人，立典型、树榜样。

通过济南蛋糕店老板 L 女士的案例，我们把分布式私域流量池的定义、优势及操作步骤都呈现在你面前，希望能帮你应对粉丝管理方面的挑战。

“虎”动时刻

本节案例里的 L 女士曾问了虎哥一个问题：“把流量都交给店员，万一他们把用户全部带走了，怎么办？”这个问题，你如何解决？说说你的想法。

扫码，听听虎哥怎么说。

第六章

IP变现——大米和面膜，卖法一样吗

第一节
知道变现模式，才能卖得好

每一种产品，都有适合自己的销售渠道和变现场景。

即使同一种产品，由不同的人来卖，其销售价格和销售的方法工具，也可能会大相径庭。

作为腰部 IP，同样的产品，怎么卖，才能卖得好呢？

你需要了解变现模式。

Part 1 找到你的变现模式，才能卖得好

陕西富平的柿饼闻名全国，小莪和黑娃都是身在北京的富平娃，到了冬天就开始帮家里卖柿饼。小莪是个美女，又能说会道，于是在淘宝上开了个直播间展示自家的柿饼，一会唱歌，一会跳舞，吸引了一大群粉丝，有说有笑地就把家里柿饼卖光了。

黑娃没什么颜值，但为人实在、朋友多，先给十几个做销售的朋友每人送了一盒柿饼，朋友们吃过后都说好，就答应帮黑娃推销。于是黑娃给他们发过去一条购买链接，朋友们纷纷转发这条链接到自己的微信群、朋友圈，很快，黑娃也把家里的柿饼给卖光了。

什么是变现模式呢?

变现模式就是销售产品的有效方式。

比如上面的案例，都是卖柿饼，而且是同一个产地的柿饼，小莪通过直播，黑娃通过朋友分销，都卖得很好，都很“有效”。

同样，如果你以前是做超市供应链的，也可以把柿饼放到超市里去卖；或者你擅长做社群，也可以拉个小区的群，在群里卖；或者，你如果之前“练过摊”，可以直接去街上摆个摊。总之，每个腰部 IP，都应该找到最适合自己的变现模式。

那么问题来了，这么多变现模式，哪一款才最适合你呢?

Part 2 大米和面膜，卖法一样吗

决定变现模式的核心要素是什么呢? 产品属性、用户特征、IP 优势。

1. 产品属性

不同产品属性，变现模式不同。你朋友圈里的丽莎，卖面膜、卖化妆品、卖减肥瘦身产品，三天两头邀请你成为她的“美丽大使”——分销商，会给你 30% 甚至 50% 的销售提成。

但是，卖五常大米的米叔，一次也没找过你。他在朋友圈最经常说的一句话就是“正宗五常大米，不掺假，产地直销”。发现没? 不同产品，变现模式完全不一样。如果米叔按照丽莎的方式卖大米，非赔死不可。大米和面膜，卖法不一样。

2. 用户特征

不同的用户，变现模式不同。安庆的皮皮妈拉了一个微信群，成天在群里和小区的宝妈拼团买鸡蛋、水果、5 元的拖把；深圳的琳达做的是高端女装定制，服务的是一批特别珍视时间，特别注重个人隐私的职业女性，别说拼团了，建群她们都不愿意。不同用户购物习惯不一样。

3. IP 优势

不同的 IP 优势，变现模式不同。

比如说，大柱子之前摆过地摊，还做过两年的电话销售，能够非常敏锐地捕捉到用户的需求，讲话别人爱听，因此，直播带货模式比较适合他。翠花呢，之前在超市里负责会员管理，对如何做会员积分、设计会员卡很在行，因此，翠花的变现模式，很可能就是会员制。

Part 3 最适合腰部 IP 的四种变现模式

适合腰部 IP 的变现模式，可以分为四大类，分别是会员模式、分销模式、云仓模式和拼团模式，以及在此基础上的各种迭代和优化。举例来说。

1. 会员模式：成为会员，才有福利

没多少资金预算的腰部 IP，一般都是用微信小程序或者 SaaS 实现电子会员功能，不用去花太多钱开发专门的会员系统。

比如，皮特在上班路上的一家 F 便利店里买了一瓶牛奶。扫码结算后，收到一条微信，说是充值 100 元，即可成为会员，除了店里所有产品享受会员价外，再赠 20 元优惠券。于是皮特充值 100 元，在便利店小程序上有了 120 个会员积分。

社交属性强的产品，一定要做会员，因为会员的本质就是用户之间的社交关系。

2. 分销模式：卖产品拿佣金

也称为代言人模式，一般没什么门槛，推荐产品，就拿佣金。

打个比方，小艾在腰部 IP 张大美丽卖化妆品的公众号上注册了“美丽大使”，成为张大美丽的分销员。每支口红售价 100 元，佣金 30%。如果小艾卖出一支口红，微信上立即会收到 30 元佣金。

由于许多分销模式是零门槛，或者门槛极低的，造成 90% 的分销员

都是“打酱油”的状况，这是做分销要注意的一点。

3. 云仓模式：线上代理模式

云仓模式就是把线下代理搬到线上。这种模式，适合从分销模式里跑出来的分销员，或者那些本身有实力，想专注地和腰部 IP 一起搞事情的人。

云仓模式和分销模式有很大不同：首先云仓模式会设置不同层级代理商；其次代理商的收入非常多元，除了产品佣金，还有批发差价、分红等；最后云仓模式一般都有门槛，要么交代理费，要么一次性“吃”进一定数量的货物放到 SaaS 系统生成的云仓里。

4. 拼团模式：拼团成功才给优惠

根据产品成团的难易程度来决定优惠力度，成团的难度越大，优惠力度越大。比如拼多多上，一箱泰国杧果原价 99 元，如果 5 人成团，每人到手价是 79 元；10 人成团，每人到手价是 59 元。从 2000 年至 2022 年，拼团模式一直是各个小区微信群里最主流的线上购物模式，因此催生了美团优选、兴盛优选等社区团购平台。

Part 4　混淆模式与促销，会把钱赔光

许多腰部 IP 容易混淆变现模式与促销政策，这有必要讲一下。

区别一：变现模式是顶层架构，促销政策是执行策略

比如，卖化妆品的张大美丽实行三级代理的变现模式，一级代理商根据制度按照 3 折拿货，二级 4 折，三级 5 折，这是顶层架构。五一假期期间，所有产品实行买一赠一的优惠活动，这是活动促销政策。

区别二：变现模式求稳，促销政策求变

变现模式是基本盘，不宜经常变化，否则会军心涣散。而促销政策，要根据节假日、产品销售数据、社会热点事件等，及时调整优惠力度和方式。比如，张大美丽答应交了 30000 元加盟费的代理商小艾，每卖出一支

口红赚60元，没过几天觉得自己亏了，想改为30元，这是不行的。但是，如果之前“双十一”做活动，是买一送一，2022年可以改为买二送一。

区别三：变现模式周期长，促销政策周期短

一般而言，变现模式一旦确定下来，短则一年，长则几年都不会发生改变。比如樊登读书的代理模式、拼多多的拼团模式，都是很多年一贯坚持下来的，最后成了经营特色，成为自己的优势。但是，促销政策恰恰相反，因为其要适应市场的变化，因此，变化速度比较快。

“虎”动时刻

根据本节内容，评估一下，你觉得最适合自己的变现模式是什么？

扫码，听听虎哥怎么说。

第二节
两大妙处，腰部 IP 会员模式

到一家饭馆吃饭，点菜的时候，发现每一道菜都有会员价和非会员价，会员价比非会员价便宜不少。于是你可能会主动询问服务员，如何才能享受会员价。

小区理发店的托尼，你每次到他那里剪头发，都让你充值 5000 元，成为他们的会员。但是，每次你都没兴趣，因为害怕钱没用完，托尼就“跑路”了。

什么样的产品适合做会员卡？为什么有些腰部 IP 一定要做会员模式？如何设置会员权益？

你会在本节找到答案。

Part 1　会员模式，你适合吗

2022 年 11 月 2 日早上 10 点，虎帮正在开一个特殊的线上产品企划会。来自广州的 M 先生，在广州好几个大学负责 EMBA（工商管理硕士）校友会的工作，人脉资源丰富，被称为当地商务圈的“人脉王”，线上线下能调动的资源很多。他的一个问题就是：没手艺，没产品，能靠什么变现？

虎帮给出的答案是：卖会员。

即设计一套基于老板人脉圈的会员产品，把私董会、企业参访、小饭局、商务游学等权益都打包进去。这是一个适合做会员模式的案例，适合做会员的腰部 IP 有以下三类。

（1）有圈子无产品：自己没产品，但是有一个价值超高的人脉圈。很多人都想进入，有的是抱着学习的目的，有的是抱着销售的目的，有的是抱着合作的目的。这时候，进入圈子的门票就是会员权益。

（2）越高频越适合：在你这里消费的频次越高，越适合做会员。如果你是小区开理发店的托尼，让来理发的大柱子办个会员卡，是很难的。但如果你是小区果蔬店的老板娘英子，让大柱子办个会员卡，就很容易。为啥？前者是一个月到店一次，后者可能每天都来。消费越高频，会员越划算。

（3）较多的产品服务：不管是卖货、卖课，还是卖服务，只要你有比较多的产品，就可以考虑做会员。最典型的就是各种超市和餐馆的会员卡。产品越多，会员越省。

Part 2　会员模式的好处，你可能还不知道

我们会发现，几乎所有的国内国外的互联网巨头，都设计了自己的会员卡，这其中最有名的便是亚马逊的 Prime（优质）会员服务，此外阿里 88VIP、京东 Plus、樊登会员卡等会员模式，也都获得了巨大成功。有条件的腰部 IP，一定要做会员，原因有两个。

一是构建私域流量池

通过会员制，把精准粉丝筛选出来，放进自己的私域流量池里，就可以随时触达，为之后的持续变现、挑选天使用户等深度粉丝运营提供条件。

二是获得稳定现金流

通过会员制，可以为腰部 IP 获得利润和稳定的现金流。比如，你到北京的巴依老爷、西贝莜面村这些餐馆用餐，服务员会鼓励你充值 1000 元甚至更多钱到会员卡里，这一方面可以把充值的钱“锁”在他们的店里，更重要的是，这种方式极大地缓解了企业的现金流压力。尤其是在 2022 年的疫情期间，通过疫情前的会员预存充值，很多企业渡过了难关。

Part 3 适合腰部 IP 的 3 种会员模式

适合腰部 IP 上手操作的会员模式，有哪些呢？

从是否付费以及如何付费的角度，有三种模式：

免费会员制：为了获得用户信息，让粉丝免费成为会员。比如关注某个公众号后，会收到一条信息。告诉你，现在可以免费注册开通会员，而成为会员后，会享受到各种产品的折扣优惠。于是，你点开那条链接，输入自己的个人信息，免费注册成为会员，获得 3 张优惠券。而公众号也收获了一个精准用户。

年卡会员制：支付一定数额费用，然后从办卡日往后的一年时间，享受相关的权益。比如买产品时候的优惠、会员积分、会员礼品等。如果是线上服务，会设计成某种服务特权。比如只有成为爱奇艺的年卡会员，才能去掉每条视频的片头广告。

充值会员制：没有时间限制，提前充一笔钱，享受某种会员特权，钱什么时候花完了，再去充值。比如虎哥楼下的一个餐馆，每次去吃饭都会有一个帅哥服务员问“办卡不？”昨天中午吃饭的时候，我就问他，为什么要办卡呢？然后被告知：充值 200 元成为会员后，每次吃饭，所有菜品享受 8 折会员价。另外，今天有活动，充值 1000 元还送 100 元。听完，我乖乖地给这小子送上 1000 元入会费。

Part 4 设计一张让人“想加入”的会员卡

怎样让人有意愿成为你的会员呢？

有一个方法，就是设计出让其心动的权益内容来，有三种常用方法。

不得不买

成为会员，就不“痛”了。

用户对某个产品的需求非常强烈，这个需求不满足，就会“痛”。要满足这个需求，就得成为会员，于是用户不得不购买会员卡。

比如虎哥之前不是QQ音乐的会员，但是为了听一首非常小众又非常喜欢的歌《走神》——美好药店乐队的成名曲，只好花了168元成为QQ音乐的年卡会员，顺利实现了下载收听。

物超所值

成为会员的收益大于成本，而且一定要远远大于。

举个例子，比如知乎上有人晒出自己的京东Plus会员的消费截图，花了99元成为会员，结果半年时间省了700多元。这里面包括每月给的100元优惠券、免除的订单运费，还有一些大品牌产品的折扣。一些生活消费品也很便宜，比如花店里几十块钱的鲜花，会员只要9.9元。

除了让顾客后续购买商品能省出很多钱，商家还可以设计一个卡包，让这个卡包本身的产品价值，超出会员卡的价格。比如，虎哥IP俱乐部的会员卡是365元/年，但是单单这张会员卡的前三项权益：“从0到1打造IP”“视频号实战30讲”“流量革命——IP社群电商”签名书，市场售价分别是199元、199元、69元，加起来的价格都远远超过365元了。

节省时间

省时间是做会员的好理由。

时间成本对于高效能人士来讲，是最大的支出。因此，如果成为某个平台的会员，能帮助这类用户节省时间，或者更高效地利用时间的话，会员卡会很容易卖。

来看个例子。得到 App 上有一款“听书会员”的年卡会员产品，里面有精挑细选的几千本好书，平台的售价是 328 元，虎哥周围很多朋友都是他们的会员。一个重要原因是，音频形式的书，可以在跑步、做饭、上下班的路上，随时随地地听，不用单独拿出时间来读。

再比如，为什么很多小米的粉丝喜欢去小米线下专卖店呢？一个重要原因是，进去了不用花太多时间做选择，喜欢什么，直接买就是，在他们心目中，小米就代表着高性价比。

“虎”动时刻

你适合采用会员模式吗？如果要设计自己的会员卡，你会把哪些权益打包进去？

扫码，听听虎哥怎么说。

第三节
零成本开分店，腰部 IP 分销模式

一个要啥没啥的腰部 IP，想在线下开 100 家门店，是不太可能的。但是，却可以把门店开在线上，如果你有足够多的天使用户，产品靠谱且能让大家赚到钱的话，线上开 100 家甚至 1000 家门店都不是梦。

这一节，就来讲腰部 IP 如何零成本在线上开 100 家甚至 1000 家门店。先来看一个真实案例。

Part 1 腰部 IP，100 家店不是梦

TT 是福州的一位重庆籍宝妈，超爱组局吃火锅。2020 年疫情期间，她收到重庆朋友小 Z（一个经营重庆特产的腰部 IP）的一包火锅底料，请她免费试吃。

于是，她约了同小区的几个重庆宝妈，来家里涮火锅。吃火锅的时候，大家对小 Z 的火锅底料赞不绝口，纷纷发到朋友圈分享。于是，TT 给小 Z 打电话，订了 20 多包火锅底料，同时还在小 Z 那里买了许多涮火锅的食材和重庆特产，分给其他宝妈。

从此之后 TT 经常帮小区的宝妈们从小 Z 那里代买各种重庆特产，成

了小 Z 的推广大使——分销员。如果有人在宝妈群里要火锅底料，TT 会直接推一条购买链接。大家通过链接拼团下单，也可以获得优惠，TT 组一个团也有一百多元的佣金。

通过这种免费试吃的方式，小 Z 迅速在全国几十个城市找到了几百个像 TT 一样的宝妈，每个参与分销的宝妈，都在微信上有一个销售重庆特产的店铺。而这几百个线上店铺，都是小 Z 通过微信 SaaS 系统自动生成的，几乎是零成本。看到没？会玩的话，零成本线上开几十家，甚至几百家店，根本不是问题。

Part 2 知道这两类铺子，不花冤枉钱

做知识付费、卖情绪管理课程的丽莎老师，买了一个 SaaS 分销系统，每次有学员买课程的时候，系统都让填写收货地址，搞得学员哭笑不得，许多学员吐槽：

“线上课程填收货地址干啥呢？”

这一看就是买错平台了，要避免类似的问题出现，你一定要知道做分销的两类不同平台。

一是知识分销平台，也叫知识铺子。

做知识付费的，有两个选择：

一是“免费”去喜马拉雅、荔枝、微课等平台上去开自己的一个账号，然后把课程上传上去，让粉丝到上面买课，然后再请他们用平台的工具去卖课，除了和推广大使分钱外，还需要和平台分账。

二是“购买”一套微信 SaaS 分销系统，比如花几千块钱，买一套小鹅通或者创客匠人的 SaaS 系统，安装到公众号上。上架完课程、专栏、线上训练营后，再招募分销员，给他们开店，通过分销员的分销链接进行课程的推广。

腰部 IP 适合哪种分销模式呢？

前一种方式，即平台分销的模式，表面上“免费”，还有平台流量扶持，但其实“成本”很高。因为你入驻某平台后，粉丝也会蜂拥而至，粉丝关注平台后，你的粉丝就成了平台粉丝。

而注册一个公众号，买一套 SaaS 分销系统的话，一年也就几千元而已，关键是流量掌握在自己手里。因此，从流量的角度来考虑，建议还是自己花钱买一套 SaaS 分销系统，因为，付费的往往是最便宜的。

二是商品分销平台，也叫货物铺子。

用来做实物产品的分销，小米可以分销，口红可以分销，锅巴可以分销，水果可以分销，鞋、衣服、奶粉，等等，都可以通过这类平台开设分店。主流的配置是“微商城 + 微分销”构成的 SaaS 微商城分销系统，即在公众号或小程序上，先开发一个微商城，同时配置微分销的功能。基于微信的这套微商城分销系统，已经非常成熟了。有赞、微盟、点点客等都具有非常完善的对应功能和工具，按年收费，售价从几千元到 2 万元左右不等，还是比较适合腰部 IP 的。

Part 3 我的产品适合分销模式吗

卖五常大米的老刘一直让虎哥帮他设计一套分销模式，但是我一直没接茬儿。为啥？

因为，并非所有产品都适合做分销。

进行分销的产品，需要具备两个特征。

一是高利润空间

做分销，一定要有高利润空间。道理很简单：赚不到钱，谁愿意帮你卖？辛苦发圈、发群，一对一沟通，好不容易成交一单，才赚几块钱，谁愿意帮你干？

高利润产品，最典型的就是各种美妆类产品，还有各种知识付费类产品：推荐一支 200 元的口红给朋友圈里的朋友，可以赚 60 元，卖一个

198 元的心理学课程给朋友，可以赚差不多 100 元。

二是产品要简单

产品越简单越好，不需要太多交流、太多服务，甚至根本不需要售前售后服务。分销员发个链接给朋友，不用过多解释，朋友就能很快下单，并且不需要分销员去做售后的服务。太复杂的产品不适合分销。

比如，我接到一个新疆朋友发来的售卖哈密瓜的链接，直接下单，瓜来了直接吃瓜，不需要他再提供任何服务。同样，如果卖保险的朋友给我发来一个保险产品链接，我不可能立即下单，里面很多专业术语我看不懂，需要他解释，甚至需要我们线下见面沟通很多次。因此，产品复杂的不适合分销，产品简单的适合分销。

Part 4　如何招募分销员开 100 家店

对腰部 IP 而言，分销员的招募渠道有三条，通过这些渠道，由内而外，由近及远地持续招募 100 个分销员，在线上把店以零成本开到 100 家。

一是内部员工

向外寻找不如向内发掘。很多腰部 IP 往往忽视了这一点，老想到外面去招募分销员，其实如果一个腰部 IP 有四五个全职员工，或者十几个兼职员工的话，首先考虑的不是如何把和腰部 IP 弱连接的人变成分销员，而是如何把和腰部 IP 有强连接的人变成分销员。这里最核心的，就是内部激励制度的制定，很多时候工具方法在其次，核心是大家要有足够的动力去线上开店。

二是铁杆会员

有些已经成为腰部 IP 会员的用户，通过后台数据会看到：他们复购率比较高，经常分享产品链接给朋友；或者持续线上打卡，参加线下活动。另外，会员群里他们也很活跃。这些会员，一定要派专人一对一沟通。因为他们不是普通会员，而是具备裂变基因的铁杆会员。这些铁杆会员，是所有用户里最值得关注的，他们是天使用户，也是最适合分销开店的人。

三是线上招商会

花点钱，在抖音、快手、头条等平台上，找一些对口的 KOL（关键意见领袖）或者 KOC（关键意见消费者），请他们用你的内容来吸引粉丝。然后把粉丝导入直播间，或者企业微信群，比如凑够 50 人，开始做线上招商会，直接招募推广大使。当然，这需要企业提前准备好分销政策、产品介绍，还有招募合伙人 PPT 等素材。如果腰部 IP 不会招募分销员，也可以请专业的机构代劳，现在有专业的公司帮你在线上招募推广大使。

“虎”动时刻

你卖的是什么产品，适合用分销模式销售吗？

扫码，听听虎哥怎么说。

第四节
云仓模式，腰部 IP 收入的基本盘

你会发现 60% 的分销员的店铺基本没销量，30% 的店铺业绩平平，只有 10% 的店铺业绩比较好。

作为腰部 IP，想要有持续稳定的收入，就需要重点赋能 10% 的店铺业绩好的分销员，给予他们更大力度的激励，保证其收入有一个稳定的基本盘。这就是本节要讲的云仓代理模式，简称云仓模式。

Part 1　小店故事，微商模式的衰亡

上周六晚上，我到小区理发馆理发，理发师托尼正在和老婆吵架。我问原因，托尼指着桌子底下一箱箱的女士内衣说："虎哥，你说啥时候才能卖完呀？卖了两年多了……"

2019 年 12 月，托尼的老婆小梅成为一个女士内衣品牌"XF 狐狸"的代理商，用夫妻俩开理发店赚来的十万块钱，低价进了一屋子内衣。两年多过去了，参加了无数次培训，叫上几乎所有亲戚帮忙，依然还剩下半屋子内衣没有处理掉。这些剩下的内衣，成了托尼和老婆吵架的导火线。

传统的微商，采用囤货式的分层代理机制，大量商品不是直接卖给消费者，而是囤积在各个层级的代理商手里。如果代理商长期不出货，没有利润，会造成大量“反水”——退出，造成整个代理体系的崩盘。

云仓代理模式和这种囤货制的微商代理模式，有着本质区别，是一种不需要代理商库存压货的模式。

Part 2 云仓模式，腰部 IP 收入基本盘

2021 年后，微商代理模式正在被云仓模式逐渐取代，这种模式，将代理模式和分销模式进行了完美融合，越来越多的腰部 IP 开始采用这种模式做招商加盟，将其作为保证收入的基本盘。

所谓云仓模式就是代理商卖货不发货的渠道模式。这种模式有以下优点。

进货不囤货

同样是卖化妆品，如果你想成为全国总代，之前的模式是先拿 10 万块钱的货，然后再花钱租个仓库，把批发来的货放进去。如果没仓库，面膜、口红、维生素……各种产品，会在家里堆积如山。另外，卖不完的货，都是你自己的，厂家不接受退货。代理商的压力会非常大。

采用云仓模式呢？

你照样交 10 万块的货款，但是产品不用囤在家里或者租赁仓库，而是显示在你的线上店铺里，线上店铺相当于一个“云仓库”，简称云仓。云仓模式进货不囤货。比如说你的云仓进了 1000 箱货，今天你的下级代理商拿货 20 箱，你自己销售出去 10 箱，库存就会减少 30 箱，变成 970 箱，所得利润直接到你的佣金里。更重要的是，如果腰部 IP 的代理商不愿意做了，可以根据云仓里的库存及时方便地退货。

那谁发货呢？

腰部 IP 厂家统一发货

比方说卖减肥棒，你的下级经销商卖出 20 箱，你自己卖出 10 箱。以往的传统模式是谁卖出谁发货，这样不但非常麻烦，而且如果量小的话，物流成本也很高。

现在问题变得很简单，腰部 IP 的厂家直接去谈一家物流公司，不管是腰部 IP 的全国总代，还是省代，还是市代卖出去的减肥棒，只要消费者下单，物流数据会第一时间进行汇总，通过后台传递给物流公司，物流公司直接发货，哪怕是一件，也能发。这样极大提升了效率，同时也降低了物流成本。腰部 IP 和自己的代理商提升了效率，还节省了物流成本，大家皆大欢喜。

大数据管理

云仓代理模式，实现了对销售大数据的管理。

假设你是一个微商的全国总代，一次进货 100 箱，然后发给你手下一个省代 10 箱，一个市代 2 箱，他们一个月卖了多少货，手里还有多少货，线下是否存在乱价行为，你是不知道的。

采用云仓代理模式，同一个 SaaS 系统进行统一管理，你手下多少个省代，多少个市代，销售排名、出货量都能看到。登录腰部 IP 给你配置的线上店铺后台，可以随时浏览关键的销售数据，并进行管理调配。比如，当你的一个下级代理商这个月完不成任务要被降级时，你可以想办法帮他出几箱货，帮他保级。

以上三个特点，大大降低了代理商的加盟门槛，帮助代理商节省了物流成本，同时协助代理商进行销售管理，提升销售额，让腰部 IP 的招商更容易。

Part 3 做到这五点，别人疯狂帮你卖

想要代理商帮你疯狂卖货，激励制度的设计非常关键。云仓的主流激

励方式，一共有五种，这是制定代理政策，决定如何分钱的核心环节，每一个想做云仓模式的腰部 IP，都一定要知道。

零售利润

零售利润就是零卖给消费者赚到的钱。

比如一瓶红酒，市场零售价 980 元，你是全国总代，拿货价是每瓶 300 元。那么每卖出一瓶，你就可以赚 680 元，这就是你的零售利润。

批发差价

下级代理商从上级拿货赚到的钱是批发差价。

打个比方，你作为某腰部 IP 的全国总代，既可以招募省级代理商，也可以招募市级代理，省级代理每次至少拿货 100 箱，批发价 160 元，而你的拿货价是 80 元。如果 A 先生是你的省级代理，一次在你这里拿 100 箱货，一箱你赚 80 元，可以一次赚 8000 元。如果 B 女士是你的市级代理，每次拿货 20 箱，每箱拿货价是 200 元，按每箱赚 120 元算的话，B 女士拿货一次，你可以赚 2400 元。

推荐奖金

为了渠道团队迅速壮大，腰部 IP 会设定一个制度，就是每推荐一个人成为代理商，推荐人都可以获得一定数额的推荐奖金。推荐的级别越高，拿到手的奖金就越高。

比如，翠花是省级代理，她推荐了大柱子成为全国总代。这是推荐级别比自己高的，叫上推，可以得 10000 元。推荐邻居白灵做和自己一样级别的省级代理，叫平推，可以得 2000 元。推荐同学小莪成为市级代理，是下推，可以得 1000 元。

管理津贴

为了鼓励代理商提升团队业绩，腰部 IP 会根据某代理商团队的销售总额，设置团队津贴。比如，上个月省级代理翠花卖了 10 万元的面膜，她的下级市级代理小莪卖了 5 万元，另外一个市级代理燕子卖了 3 万元，他们上个月的总业绩 18 万元。腰部 IP 可拿出 5% 作为所有省级代理的团队津贴，翠花可以获得 9000 元。这样，她就有动力帮自己团队成员不断提升业绩。

平台分红

腰部 IP 为了和一些核心代理商进行深度绑定，会把整个盘子的利润拿出来一部分在年底分红，和他们共享。

比如英子卖健身教练强子的蛋白粉，从省级代理做到了全国总代，这时候强子会说："每月销售额 5000 元以上、全年不低于 10 万元的全国总代，将有机会共同分享 50% 的平台利润。"然后到年底一算账，盈利 1000 万元，有 50 个人达到标准，英子是其中一名。那么 500 万元，50 个人分，英子年底分红 10 万元。

Part 4　如虎添翼，云仓模式的分销设计

翠花本来是大柱子面膜的市级代理，1—3 月每月销售额 5000 元，4 月她被晋升为省级代理，这时候，她发现微信上经常有一些提醒，告诉她由于团队某人销售出去一盒面膜，而使她获得了 10 元钱的收入。这种情况，就是云仓模式里融入了分销模式。

在云仓代理模式的不同代理层级设置二级分销机制，分销员每卖出一款产品，他上级的代理商都会有间接的收入，让代理商享受"躺赚"的收益特权，是很多腰部 IP 在采用的一种激励代理商的模式。

腰部 IP 可以根据代理商级别的高低，设计不同比例的分销权益，鼓励大家向更高阶的代理层级努力。比如省级代理的二级分销设置为 5%，全国总代的二级分销设置为 10%，这种模式将分销的裂变机制和代理的分层机制，进行了完美的融合，现在很多商品类的 SaaS 软件都支持这种模式，越来越多的知识付费类 SaaS 软件也嵌入了相应功能。

“虎”动时刻

为了降低大家的加盟门槛，云仓模式能否不要求代理商进货？谈谈你的看法。

扫码，听听虎哥怎么说。

第五节
拼团模式，更适合腰部 IP

拼团模式，更适合腰部 IP。

用好拼团模式，腰部 IP 就能同时解决流量、变现和推广宣传这三大难题。想一想，这是什么原因？

Part 1 1 元钱，苹果手机随便抢

黑娃看到网上苹果手机的价格，最便宜的 6000 多元，高配置的 10000 多元。黑娃眼馋了好久，但是每月三四千的工资，想要入手一部，压力还是蛮大的。

这时候，微信上突然弹出来一条信息，引起了黑娃的极大兴趣：

“真的，1 元钱，苹果手机随便抢。”

黑娃点开那个小程序，原来是一次抽奖活动。凑够 1000 人，系统就自动开奖，即使没中奖，也可以获得 10 元的优惠券。而且如果邀请朋友一起参与这个抽奖，每邀请一个人，还可以获得一个红包。

天底下竟然还有这样的好事？黑娃毫不犹豫地按照活动规则，下载了某拼团 App，然后把身边的翠花、大柱子、二牛、安红、小莪……全部拉

进一个群，而翠花、大柱子等人，为了早日开团抽奖，又邀请了很多人进入这个群。

这样的场景，你是不是似曾相识？

但是，你可能不知道：拼团不仅仅是卖东西。

Part 2 为什么美团、淘宝、京东都在做拼团

2018年7月26日，依靠拼团模式，拼多多在美国成功上市，并在很短时间内超越京东，成为中国仅次于淘宝的第二大电商平台（截至2022年12月14日，拼多多市值1138.07亿美元，高于京东的916.91亿美元）。

拼多多把拼团做到了天下第一，做到了变现模式中的1毫米宽10000米深。通过拼团模式上市的拼多多，获得了前所未有的关注。一时间，淘宝、京东、美团等，在2020年疫情期间，都先后上线或投资了各种社区团购平台，开始用拼团模式疯狂扩张。

为什么这么多大厂会关注拼团模式呢？因为通过拼团，可以一次性解决三个问题：

变现问题：一箱泰国的杧果，超市卖50元一箱，很难卖出去，还得交各种费用；找100个人拼团，每箱30元，很快资金回笼3000元，这相当于小批发了，既解决了产品库存，又解决了企业现金流的问题。实际上，拼团模式就是小批发。

流量问题：你要参加拼团，很多平台或者企业，都有一个要求：成为商家的粉丝。想拼团30元一箱的杧果吗？先进团长的微信群，或者先到小程序注册一个账号，或者先下载一个美团App……这些操作，全部是在“吸粉”，你“薅羊毛”，别人吸粉，各取所需。

宣传问题：比如某家卖电动摩托的企业，在某平台发起了一个拼团活动，每人交9.9元，1000人成团后，就抽奖，抽中的那个人，可以骑走一辆价值5000多元的电动摩托。团里没中奖的人，可以以低于市场价500

元的拼团价购买电动摩托车。不到一个月时间，就开了十几个团，也就是对几万精准用户做了推广宣传，不但没花广告费，还卖了不少车。

Part 3　五种拼团模式，哪款适合你

在各种 App 和 SaaS、小程序营销工具的助推下，拼团的玩法层出不穷，几乎每过几个月，都会有不一样的玩法，但是到目前，拼团的主流模式有五种。

优惠团

打个比方，黑娃的凉皮套餐包含一份秘制大米凉皮、一个肉夹馍、一瓶冰峰汽水，原先售价为 39 元，5 人成团的话，售价为 29 元。小莪找了办公室的 4 个人，加上自己，拼团成功，然后当天中午就吃到了 29 元的黑娃凉皮套餐。

阶梯团

第二天，吃过凉皮套餐的团员翠花、安红等人，又拉了五六个她们部门的人，大家拼成了一个 10 人团，这次拼团价不是 29 元了，而是更便宜的 19 元。肉夹馍、凉皮、冰峰汽水还和昨天一模一样，10 人团比昨天的 5 人团便宜了 10 元钱。这就是阶梯团，拼团人数越多，优惠越大。

秒杀团

14:00，小莪正在上班。黑娃的微信群里，突然出现一条信息，说是 17:00，原先 15 元一杯的古法秘制酸梅汤，5 元秒杀，100 人成团。小莪想都没想，进去拼团，并且把这个拼团链接分享给姐妹，发到自己朋友圈，很快成团。下午下班后，小莪非常满足地喝了 5 元钱的酸梅汤。

抽奖团

39 元一份的黑娃凉皮套餐，一元钱就可能抢到！小莪某天从黑娃的公众号上收到这样一条信息，戳进去一看，规则是这样的：每人注册账号，并且付 1 元，凑够 39 人，就可以开团，每个团有 1 人中奖，奖品就

是39元钱的凉皮套餐，其他没中奖的，也不白忙活，系统会给每个人自动匹配一张10元的优惠券。

佣金团：

小莪最近经常带着办公室的人拼黑娃的各种套餐，而且成团的概率很高。慢慢地，她发现，自己的微信账号上经常会收到19元钱，这些钱都是黑娃凉皮店给她的，怎么回事呢？原来，原价39元的凉皮套餐，10人成团价19元，拼团的发起人——团长，每拼团成功一次，不但自己可以19元吃39元的凉皮套餐，还可以获得10%的推广佣金，190元的10%，就是19元。这是一举两得的事情，一边吃着19块钱的套餐，一边赚着19元的平台佣金，何乐而不为呢？

Part 4 知道这3点，玩转拼团模式

拼团模式能很好地解决流量、现金流和宣传的问题，玩转拼团模式可以从以下三个核心点入手，设计自己的拼团模式，选择拼团工具：

拼什么团

拼团的目的，如果是为了给企业做宣传、要流量，就拼抽奖团，比如一元钱抽价值1000元的产品；如果是为了卖东西，那么可以设计优惠团，或者阶梯团，这些团的目的，就是为了通过优惠折扣来提高产品销量，最典型的就是社区团购的各种日用品。

谁来拼团

一般而言，闲暇时间越多的人，越适合拼团，时间越金贵的人，越不适合拼团。因此，要搞清楚自己的用户属于哪一类人。一个国内顶尖的商学院，在2018年的时候，让自己的学员——各大企业的老板，参与拼团优惠活动，受到了学员非常大的抵触，结果不了了之。你让一个老板，花几个小时拼团，拼团成功后优惠100元，对他们而言，时间成本太高了。但是，如果是闲暇在家的宝妈，可能就愿意花一小时来获得100元的优惠折扣。

拼团的门槛

山东烟台的樱桃，原价 88 元一箱，应该设计成 5 人成团，还是 3 人成团？如果确定了是 3 人团，那么团购价设计成 66 元、55 元，还是 77 元呢？

优惠太大，企业吃亏，优惠太少，消费者不干；拼团人数太多，消费者嫌麻烦，不爱参与，拼团人数太少，又带动不了销量。如何解决这些问题呢？有一个原则就是：拼团难度越大，优惠越大。

如果产品本身很难卖，拼团价一定要非常优惠。成团的人数越多，拼团价格越低。

相对于头部 IP，腰部 IP 更适合做拼团。因为腰部 IP 的流量大部分是基于微信的私域流量——社群流量，具有很强的社交属性。而拼团模式，本质上是一种熟人社交的变现模式。

一个腰部 IP，在自己的社群里发起拼团，粉丝很快会把这个活动发到朋友圈和微信群，而朋友圈里的人，不是同学，就是朋友；“2023 奋斗群”里的人，很可能就是一个公司的同事；“相亲相爱一家人”的微信群里，兄弟姐妹、七大姑、八大姨，都在里面。这种强连接的熟人关系链，让腰部 IP 私域流量池里的各种拼团，更容易“成团”。

“虎”动时刻

拿出一款你熟悉的产品，设计一个 3 人团的优惠政策，你会怎么设定？

扫码，听听虎哥怎么说。

第六节
腰部 IP，如何把产品卖“贵”

许多腰部 IP，粉丝本身就不多，比如做西装高端定制的、做珠宝的、做一对一健身私教的、做企业家国学培训的等，这一类腰部 IP，粉丝多则几千，少则几百，甚至只有几十个。

在这种情况下，为了保证现金流，腰部 IP 核心产品的客单价，一般都比较高。一套为你量身制作的西装可能五六万元，一周的游学活动动辄七八万。在这种情况下，如何把贵的产品卖出去，是一个大问题。

这就需要腰部 IP 了解“三级火箭产品模型”，做好导流品、增黏品、利润品这三类产品的设计。我们先来看一个案例。

Part 1 便利店的三明治，美团的麻婆豆腐

正在减肥的丽莎，早上从办公室楼下新开业的便利店走过，看到门口的易拉宝上写金枪鱼三明治 4.98 元一个，一大份鸡肉沙拉 6.98 元，里面有南瓜条、火龙果、黄瓜、生菜等各种水果蔬菜，还有半个煮好的鸡蛋，她以为自己看错了，同样的三明治和沙拉在别的便利店，至少以两倍的价格售卖。

她走进便利店，一看价签，果真如此，而且备注 2022 年 5 月 25 日—6 月 15 日，新店开业期间，店里的所有三明治和沙拉全部半价优惠。

丽莎从货架上拿了一个金枪鱼三明治和一大盒鸡肉沙拉，同时买了 20 多元的牛奶，结账的时候又买了一罐十多元的口香糖。

同样的情况有很多，我们在美团上叫外卖的时候，经常会发现有 5 元一份的麻婆豆腐，而正常售价一般应该都在 20 元左右。于是，我们进入那家店点了麻婆豆腐，当然还点了米饭、酸菜鱼、红烧肉等其他想吃的东西。

那么，丽莎办公室楼下的便利店，还有美团卖麻婆豆腐的那家餐馆，会亏本吗？

答案是，一般不会，因为这些店都是利用便宜货卖贵东西的高手。

Part 2　上台阶，三级火箭产品模型

众所周知，火箭想要把卫星送入太空，需要三级动力系统，而不是点火成功后，直接飞入太空。同样，腰部 IP 想卖贵的产品，不能直接拿一个很贵的产品让粉丝下单，也要分三个阶段进行，每次上一个台阶，基于此，腰部 IP 需要把自己的产品设计为三级，简称三级火箭产品模型，三级产品分别是：

导流产品：就是用来获客的产品，价格便宜。前面讲的案例，不管是美团上 5 元的麻婆豆腐，还是便利店里 4.98 元的三明治，其实都是导流产品。

增黏产品：就是能把用户黏住的产品。比如公众号上的优质内容，比如商家给你发的各种让你下次再来的优惠券，比如培训公司的线下公开课。

利润产品：就是能产生高额利润的产品。美团那家餐馆，5 元的麻婆豆腐肯定不赚钱。但是你吃饭不可能只点一道菜，除了麻婆豆腐，你很可

能还会点他家招牌菜——酸菜鱼，而酸菜鱼并不便宜，酸菜鱼就是他们家的利润产品。

下面我们来看看腰部 IP 设计这三款产品的关键要领。

Part 3　不懂这三个原则，千万别做导流产品

原则一：可大量复制

比如口红、面膜、各种包装好的坚果零食等，这些标准化产品可以大量复制，量上来了，吸引的粉丝才会多。千万不要用定制化产品导流，比如设计师用帮别人免费设计海报的方式进行导流。

原则二：性价比一定要高

不要因为导流产品贱卖或者免费送，你就选择没有价值的产品。相反，导流产品是那种看起来白送的好东西。如何做到性价比高呢？

一是降低价格。比如前面提到的不到 5 元钱的金枪鱼三明治，别的便利店都卖 10 元钱左右，相同品质，你却半价，这是降低价格的做法；二是提升服务，同样 5 元钱，原先只能买一把香蕉，而现在还额外送 2 斤苹果和 3 斤桃子。

原则三：不需要服务

不需要服务的产品才适合做导流产品。不管是售前，还是售后，需要你为用户提供相关服务，或者需要和用户大量沟通的产品，统统不适合做导流产品。比如，某知名律师把自己的免费咨询作为导流产品，这显然不是一个很好的选择。

Part 4　这两个特征，适合做增黏产品

什么样特征的产品，可以作为一个腰部 IP 的增黏产品呢？两类：一是跑不掉产品，二是信任值产品。

跑不掉产品：这一类产品的核心理念，是想办法让用户绑定到商家的平台上。最典型的就是各种会员卡、优惠券。比如，很多超市都有充值卡，充值 500 元，送 50 元。并且，你充进来的 500 元，是不能退的，下次想买东西，会想到某超市还有 500 元，你就会自动选那家超市。再比如，得到 App 在你购买一个专栏后，会立即向你发放各种优惠券，每张优惠券都有一定的时间期限，如果你害怕过期，就会去购买其他专栏。这些优惠券、充值卡，不管是线上，还是线下，都让你紧紧和平台绑定，是增黏产品。

信任值产品：证明你靠谱、专业，能增加用户信任值的产品。

比如，抖音上的腰部 IP 皮带哥在做定制皮带的生意，在你下单定制一条几千块的手工皮带之前，你可能会先从他那里买一个四五十块钱的牛皮钥匙扣，看看材质、做工和设计是否专业。这个牛皮钥匙扣就是皮带哥的信任值产品。

再比如，一家做国学培训的腰部 IP，在招收 5 万名学员之前，会开一次 2 天的周末公开课，定价在 5000 元左右。在这个公开课的开课仪式上，会请以前的老学员过来分享自己的心得体会；在上课间隙，会带领学员参观公司；讲课的老师，都是选择最专业、最厉害的老师。这个公开课，就是他的增黏产品。

Part 5 想卖贵？你需要一张让人心动的产品海报

通过导流产品和增黏产品，已经让用户坐着滑梯，滑到了利润产品这里。如何才能让用户觉得你的利润产品“不贵”，从而果断下单呢？你还需要设计一张利润产品的海报。

关于如何设计一张让人心动的产品海报，虎帮总结了一套 BDFE 海报设计方法，一共四步：

第一步，先上价值点（Benefit）

在海报的最显著位置，说明产品和服务的核心价值点。你的产品对用户而言，到底解决了一个什么问题，帮他获得了什么收益。说到底，价格是由价值决定的。贵与不贵，要看你的产品提供的价值是否大于用户愿意支付的价格。打个比方，得到高研院 2022 年 14 期招生海报上，“向前一步，抬头看路”，这句话就是核心价值点，放在了海报的最上面。

第二步，标出差异点（Different）

你的这款利润产品，凭什么比别家卖得贵，你和别人有什么不同，甚至和自己的同类产品相比，有什么不同？这个独特的差异点，你得说出来。否则，老王卖的西瓜 2 元一斤，老李卖的西瓜 1 元一斤，我肯定找老李买啊。以得到高研院 14 期的招生海报为例，就在“向前一步，抬头看路”这句话的下方，出现了得到 App 创始人罗振宇的头像，而且就在头像的右侧多了一个醒目的提示“罗胖加入”。这不单是许多同类竞品课程所没有的差异点，也是前面 13 期得到高研院的同学所没有的福利。

第三步，展示功能点（Function）

卖产品要突出产品的功能，比如一款手机，通常会突出其处理器、像素、尺寸、存储量等；如果卖课，要把课程安排做一张表；如果是卖会员或者私董会，要把核心权益罗列出来。

第四步，呈现案例点（Example）

记得有一款苹果手机的产品海报，为了强调自己强大的摄像功能，把一张非常清晰的用照相机功能拍摄的星空图，非常醒目地放在了产品海报里。另外，许多商学院的招生海报里，都会出现一些知名的商界精英，这些人都是非常好的案例。设计让人下单的产品海报一定得有案例，这会极大地促进成交。

以上，通过导流产品的流量导入，和增黏产品的信任加持，再借助让人心动的产品海报作为“临门一脚”，你的利润产品一定可以大卖，你一定能把贵的产品卖出去。

“虎”动时刻

根据本节内容，评判下你的导流产品、增黏产品、利润产品分别是什么？设计得是否合理？

扫码，听听虎哥怎么说。

第七章

IP 裂变——一万个人帮一个人卖，你也可以

第一节
第六项修炼，腰部 IP 裂变模型

相比于动辄几百万，甚至几千万粉丝的头部 IP 而言，仅有几万甚至几千粉丝的腰部 IP，更适合做 IP 裂变。粉丝少，才利于精耕细作，腰部 IP 才有时间、有精力和粉丝建立强连接，进而从中挑选出对自己高度认可的“天使用户”，并依靠这些天使用户，实现裂变。

那么，腰部 IP 如何进行裂变呢？

这就需要了解腰部 IP 的第六项修炼——复制 IP。

Part 1 如何让一万个人帮一个人卖？

腰部 IP 的裂变，最终是要实现一个目标——让一万个人帮一个人卖。如何实现这样的目标呢？来看个例子：

小翠是在昆明卖普洱茶的商户，全国有 100 多个天使用户在她的“小翠茶友群”里批发茶叶。大柱子是 100 多个天使用户中的一个，他在沈阳开了个茶室。在小翠的指导下，他把经常来自己茶室喝茶的 100 多个茶友都加了微信，还建了一个微信群，叫作“柱子品茗”。大柱子在群里发布品茶活动的时候，群里的人，就会把自己的家人、朋友叫上，一起来喝茶、买茶。

从上面这个案例不难看出，要形成这样一个裂变目标，其关键是以腰部 IP 为核心，寻找 100 个天使用户，为这 100 个天使用户赋能，将他们孵化打造成具有某种特定 IP 人设的营销型 IP，比如你朋友圈里的茶博士、阅读大使、美食达人等。

腰部 IP 再以这 100 个天使用户为圆心，为他们每人建立一个自己的社群，从各自社群里挑选出 100 个铁杆粉丝。最后通过天使用户为这些铁杆粉丝进行赋能，进行二次循环裂变。这样这个腰部 IP 就有了 100×100，即 10000 个铁杆粉丝推荐销售自己的产品。

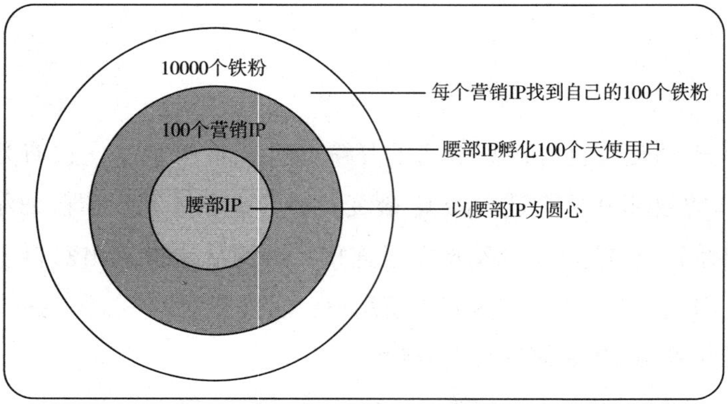

图 7-1　腰部 IP 裂变圈

如图 7-1 所示，以腰部 IP 为圆心，找到 100 个天使用户进行营销 IP 的孵化，然后协助每个营销 IP 找到自己的 100 个铁杆粉丝。这有点像把一块石头投进湖面，激起一圈一圈的涟漪。

现在的问题是，如何孵化 100 个营销 IP ？

Part 2　一个自循环的腰部 IP 裂变模型

要进行营销 IP 的批量孵化，我们必须回归那个模型，就是在本书第一章提及的“腰部 IP 六项修炼”模型（详见第一章第四节图 1-1）。

这是一个可以自行裂变循环的模型，一共包含腰部 IP 打造的六项修炼，带大家复习一下：

第 1 项修炼：IP 定位，让自己更精准、垂直的 IP 修炼；

第 2 项修炼：IP 矩阵，角色分工和团队协作的 IP 修炼；

第 3 项修炼：IP 内容，用内容来获得精准用户的 IP 修炼；

第 4 项修炼：IP 流量，经营粉丝搭建私域流量池的 IP 修炼；

第 5 项修炼：IP 变现，通过私域流量进行变现的 IP 修炼；

第 6 项修炼：IP 裂变，让一万个人帮一个人卖的 IP 修炼。

以上六项修炼，其实可以分为两个阶段。

第一阶段：从 0 到 1，前 5 项修炼

从第 1 项修炼到第 5 项修炼，是从 0 到 1 打造一个腰部 IP 的修炼，这个过程会比较漫长，因为这是一个大量试错并最终找到自己商业模式的过程。

第二阶段：从 1 到 N，第 6 项修炼

从 1 个 IP 复制 100 个 IP 的修炼，其实就是把前 5 项修炼的成功模式，进行经验萃取，形成一套 SOP（Standard Operating Procedure，标准操作流程），用这个 SOP 去复制 100 个营销 IP。

下面我们先来说从第 1 项修炼到第 5 项修炼的经验萃取。

Part 3 经验萃取，四步完成标准操作流程

如何制作一个腰部 IP 裂变的 SOP 呢？

可以按照如下四步来进行：

第一步：建立 IP 孵化目标

数量上，最终目标是孵化 50~100 个天使用户，但是第一阶段目标，可以先孵化 5~10 个进行尝试，迭代一次后再扩大规模。

类型上，是把天使用户孵化成营销 IP 而非其他，即以销售产品为核心职责的 IP。但是，在 IP 人设的经营上却并不一定突出销售标签。

第二步：明确 IP 孵化流程

在孵化天使用户 IP 的时候，一定要严格按照如下流程进行：

IP 定位—IP 矩阵—IP 内容—IP 流量—IP 变现—IP 裂变

既不能颠倒顺序，也不能为了快而“跳级”。比如不能还没做 IP 定位，就直接申请抖音号做直播；或者还没有一定数量和质量的粉丝，就直接做 IP 的变现。

第三步：定位 IP 控制点

从打造 IP 的前五个环节里，每个环节找到 1~3 个关键控制点，通过对这些控制点的掌控，让 IP 复制不走样，它们分别是：

IP 定位控制点：IP 名称 +IP 标签 +IP 广告语

IP 矩阵控制点：四大类 IP 的协作分工

IP 内容控制点：新媒体 IP 账号矩阵 + 内容中央厨房

IP 流量控制点：视频号 + 朋友圈 + 微信群

IP 变现控制点：变现话术 + 营销工具

第四步：制作标准文件

标准化的东西才好复制。找出 5 个 IP 复制环节里的控制点后，对这些控制点进行工具、动作、内容三个维度的标准化处理，形成标准操作流程（SOP），开发出三类标准操作文件，分别是：

工具 SOP：比如所有天使用户都用分销系统进行销售；群里进行团购，统一用群接龙进行拼团。这些技术工具的使用，对很多人是有难度的，你就可以做成一个 SOP。

动作 SOP：比如遇到有人询问产品或者服务的时候，新手不知道应该如何做一分钟介绍，就可以形成一个基于产品介绍的 SOP。

内容 SOP：许多天使用户，根本没有内容生产的能力。这时候，腰部 IP 要自己生产一些“一键转发”的标准内容，他们只需要转发朋友圈，或者稍微做些处理就可以上传到视频号、抖音等。

Part 4 第六项修炼，从 1 到 5 的复制

说到 IP 裂变，有一个 90% 的人都会问的问题，你大概也会问：

能否直接上来做第六项修炼——IP 裂变，而省去前面 5 项修炼呢？

讲一个故事来回答：

有一个人赶路，走到半路上饿了，就去烧饼铺子买烧饼充饥。先买了一个，没吃饱，又买了一个，依然没吃饱，直到吃到第 6 个烧饼的时候，才觉得吃饱。然后这个人问烧饼铺子的老板：我能否只买那第 6 个烧饼？前面 5 个烧饼都没啥用，只有第 6 个烧饼是管饱的。

这个故事说明：如果没有先吃那 5 个烧饼，“第 6 个管饱的烧饼”是不存在的。做腰部 IP，必须先做好从 0 到 1，先做好 IP 的孵化，然后再去做 1 到多，做 100 个甚至 10000 个腰部 IP 的裂变。之所以这样做有两个重要原因。

榜样的力量。如果一个腰部 IP，视频号没什么内容，自己都没赚到钱，如何说服天使用户跟自己干呢？IP 裂变的前提是腰部 IP 自己先获得成功，成为粉丝们的榜样，再去招兵买马，就会容易很多。请记得，没人愿意跟随没结果的腰部 IP。

成功不可复制。网上有很多现成的 IP 裂变 SOP，也有“大师”教你如何“招商”，甚至直接上手帮你批量复制 IP，但是成功概率都很低。核心原因就是：别人的成功不可复制。一个腰部 IP 必须走完 5 项修炼的闭环，根据自己的产品、营销环境、优势劣势，提纯出腰部 IP 裂变的 SOP，这样才有价值。

IP 裂变，要相信一句话：

如果你能孵化 1 个 IP，就能复制 100 个。

第六项修炼，本质上是对前五项修炼的经验萃取和复制，是不能单独

存在的。这是在做 IP 裂变的时候一定要非常笃定的一点。

“虎”动时刻

如何让 10000 个人帮你卖东西?

扫码，听听虎哥怎么说。

第二节
三张底牌，腰部 IP 的裂变逻辑

打扑克的时候，只要手里有几张底牌，不管牌局如何不顺、对家怎么使诈，我们都不会心慌，因为心里有底。在腰部 IP 裂变这件事上，也有这样的三张底牌，手握这三张底牌，便可以做到不管外界环境如何变化，我自岿然不动，这三张牌分别是：

人的裂变、内容的裂变、钱的裂变。

Part 1 第一张牌，社群“原子弹”——天使裂变

腰部 IP 裂变的第一张底牌是人的裂变，这里的“人”，并非一般意义上的粉丝和用户，而是特指“天使用户”。

一个腰部 IP 所形成的社群，会有四类粉丝，其中：

高频主动推荐的叫天使用户；

被动低频推荐的叫铁杆粉丝；

只消费不推荐的叫普通用户；

看热闹不下单的叫吃瓜群众。

一个天使用户顶得上 10 个铁杆粉丝，一个铁杆粉丝能顶 100 个普

通用户，而一个普通用户的价值会比 1000 个吃瓜群众更大。因此我们可以讲：

天使用户就是社群的“原子弹”。

如果一个腰部 IP 有几十个有实力的天使用户，那引爆一个小社群很容易，一个天使用户能轻易影响 1000 个普通用户。

打个比方，你的西安老乡黑娃，在深圳华强北你的办公室楼下开了一家名为“黑娃肉夹馍”的快餐店，卖肉夹馍、凉皮等西安小吃。作为西安人，你经常惠顾，后来知道黑娃是你老乡，就加入了“黑娃老乡群”，有意识地帮他发朋友圈宣传，而且经常带同事和朋友来店里吃饭。你看，你就是黑娃这个腰部 IP 的天使用户。

你的同事大柱子和你关系很铁，他是东北人，和你来黑娃的店里吃过几次饭，喜欢上他们家的大米凉皮，偶尔遇到想吃凉皮的朋友，也会向他们推荐黑娃的店。但他并不会主动推荐，也不会隔三岔五地主动发圈替黑娃宣传。大柱子就是黑娃这个腰部 IP 的铁杆粉丝。

腰部 IP 需要想尽一切办法，打好天使用户这张牌：

把从一个腰部 IP 卖东西，变成 100 个天使用户卖东西，然后把 100 个天使用户卖东西，变成 10000 个铁杆粉丝卖东西。

Part 2　第二张牌，被看见的力量——内容中央厨房

许多腰部 IP 没销量，不是产品不好，而是因为没流量。

那么，一个腰部 IP 如何才能源源不断地获得精准粉丝呢？

答案是：内容中央厨房。

精准内容带来精准粉丝，腰部 IP 做裂变的第二张牌，是内容的裂变，即通过内容中央厨房这个大喇叭，放大腰部 IP 的内容，让精准用户看见。这里，承担内容扩散的人，正是前面讲到的天使用户。

比如，黑娃这个卖肉夹馍的腰部 IP 在“黑娃老乡群”里发了一条视

频，讲的是一个深圳美食家大表哥暗访“黑娃肉夹馍”，他大快朵颐，对肉夹馍和凉皮赞不绝口，而且是用第三方权威账号发的。黑娃的一个天使用户王二牛把这条视频发到自己朋友圈，很快，就有几个人点赞收藏，并且留言：有机会一定要去尝尝。你看，这就是一个极简版的内容中央厨房发挥作用的过程。

被看见，才能被发现。

腰部 IP 运营的自媒体账号，粉丝一般都不会太多。如果想要内容破圈，想要持续不断获得精准用户，一定要打好内容中央厨房这张牌，尽可能多地生产能让天使用户一键转发的好内容，然后通过天使用户的朋友圈、视频号、抖音、小红书、微信群，进行内容的裂变传播。

Part 3　第三张牌，10 倍业绩——IP 私域直播

腰部 IP 一旦有了几十个天使用户，建立起自己的内容中央厨房，就可以小试牛刀，来做业绩的裂变了，俗称钱的裂变。如何把一个钱变成 10 个钱，把一个月的业绩增长 10 倍呢？你可以打出腰部 IP 裂变的第三张牌：

IP 私域直播，所谓 IP 私域直播就是 IP 在微信生态里，基于私域流量的直播。

下面用一个例子说清楚什么是 IP 私域直播。

咱们还说“黑娃肉夹馍”，疫情期间，不能开门营业，黑娃就在线上搞起了直播。他原先有一个“黑娃老乡会”的群，里面二牛、英子等人都是他的天使用户。搞直播之前，二牛、英子等每人拉了一个“陕西小吃群”。黑娃在视频号的直播间里卖各种陕西小吃，二牛、英子等人把直播链接发到各自的群里，邀请同事、朋友进入直播间。

这就是一个典型的 IP 私域直播。在这个案例里，黑娃就是 IP，直播用的平台是视频号，私域流量来自黑娃的天使用户。

直播，现在是非常重要的变现场景。腰部 IP 想要通过直播实现业绩倍增，就不要去抖音、淘宝等公域流量平台直播，和头部 IP 抢生意，而是要借助自己的天使用户，借助私域流量，立足微信端，把 IP 私域直播做好。

Part 4 先出哪张牌，胜算大

山高人为峰，腰部 IP 的裂变，要把人放在事的前面。

为什么人的裂变是 IP 裂变的第一张底牌呢？

因为，人对了，坏事变好事；人不对，好事变坏事。

先做人的裂变，再做内容的裂变，最后再做钱的裂变。

打个比方，黑娃想把肉夹馍店的月流水提升 10 倍，做了一个名为“黑娃老乡会”的群，里面有 50 多个在深圳的陕西老乡，他们都是有一定社会影响力的人，这叫人的裂变，从一个人卖肉夹馍变成 50 个人给他代言，是第一张牌。

然后黑娃每天都会在群里转发一条视频号上的短视频，老乡们就会把这些内容发到自己朋友圈，还在上面留言、点赞、评论，随后这条视频被推荐给老乡们的朋友，原先一条短视频可能只能被 1000 个人看到，这下被 10000 个人看到了，这叫内容的裂变，是第二张牌。

最后，看到这条短视频的人，有一部分想吃肉夹馍，就来黑娃店里消费，老乡们拿到奖励赚到钱，“黑娃肉夹馍”的业绩也大幅度增长，这叫钱的裂变。

先做内容，没人传播；先卖东西，没人给你卖。上面的案例，虽然简单，但是充分说明了腰部 IP 裂变打牌的顺序：

第一张牌，人的裂变；

第二张牌，内容的裂变；

第三张牌，钱的裂变。

“虎”动时刻

为什么头部IP很少做天使用户，而腰部IP一定要做天使用户呢？

扫码，听听虎哥怎么说。

第三节
天使裂变，IP 孵化器

如何才能把自己的天使用户，孵化成能独当一面的营销 IP？

如何才能像下饺子一样批量孵化天使用户呢？

这是腰部 IP 做裂变必须解决的问题，要解决这个问题，就不得不提及——IP 孵化器。

IP 孵化器，就是腰部 IP 的“黄埔军校”，就是帮助腰部 IP 进行天使用户裂变，并把天使用户批量孵化成营销 IP 的机制。

那么 IP 孵化器长什么样子？抓住哪几个关键环节，才能把天使用户批量复制成 IP 呢？

Part 1 丰简随意，IP 孵化器的三个版本

每个腰部 IP 都应该有一个 IP 孵化器。

一方面由于其重要性不言而喻，另一方面，腰部 IP 的 IP 孵化器真的可以说是丰简随意。从简单到复杂，从便宜到昂贵，至少有以下三个版本可以选择。

1.0 简易版：微信群

微信群就是极简版的 IP 孵化器。一个腰部 IP 给自己的 20 个天使用户拉一个天使群，在群里教大家如何经营 IP 人设，发布需要朋友圈转发的图片，告诉大家近期的促销活动，定期做产品培训。这就是一个极简版的 IP 孵化器。

2.0 增强版：企业微信

稍微复杂一点，如果一个腰部 IP 想和自己的天使用户做一对多的深入交流，比如做产品培训或销售政策说明会，这时候在群里打字、发语音，效率都不高，那他就可以下载企业微信等 App，用视频会议的形式为天使用户赋能。同时，把一些话术、产品信息、促销政策等重要资料，分门别类地存储在企业微信的微盘上，为自己的天使用户开通阅读权限。你看，这是稍微高级一点的 IP 孵化器。

3.0 高配版：SaaS 云学院

如果需要为天使用户赋能的课程非常多，又希望后来者能看到之前的内容，并且经常需要做一些专题训练，比如各种线上的训练营等。你就可以在企业微信的基础上，采购类似小鹅通这样的 SaaS，开发一个自己的线上云学院。

这样的话，既可以把录制好的课程放上去，也可以开直播课，还可以做各种线上训练营，针对天使用户需要练习的某项技能开展专项的打卡练习，这些功能 SaaS 均可以实现。

工具有了，接下来咱们说人的事情。

Part 2 如何挑选能成为 IP 的天使用户

有些天使用户，前天培训完，隔天就有粉丝加他微信，今天就能出单；有些天使用户不管怎么熬、怎么练，就是不出成绩，就是成为不了我们期望的营销 IP。

我们赋能天使用户，想把他打造成营销 IP，一定要记住：

IP 是选出来的而不是带出来的。

一个天使用户，能否成长为一个 IP，关键不在于后期的练习和赋能，而在于前期的筛选。腰部 IP 的天使用户，与铁杆粉丝、普通用户、吃瓜群众相比，有非常大的区别，如何辨别呢？

一个关键点就是记住：天使用户就是进行高频主动推荐的用户。

然后用定义做筛子，在已经购买产品的用户里，把天使用户“筛”出来。打个比方：

有一个 IP 名叫牛××的减肥瘦身产品，创始人明威建了一个微信群，把买过产品的 100 多名用户邀请进来，经常在里面发福利。群里有四个人，分别是张三、李四、赵五、王二麻子，他们四个人吃了牛××纤维棒，都瘦了，也都觉得产品不错，都愿意给想减肥的朋友推荐这款产品，可是：

张三和李四朋友圈里，一个月内有一次发过牛××的优惠券，李四是主动发的，而张三是在明威的引导下发的；赵五呢，不但主动发圈，而且每天都会发圈；而王二麻子呢，虽然答应明威帮忙推荐产品，但是朋友圈里几乎没有发过牛××的内容。

根据天使用户的定义，请判断：这四个人，哪些是天使用户，哪些不是？我们可以从三个关键点来筛选，即：

（1）是否推荐。不但自己买产品，还会推荐给别人；

（2）是否主动。不是你让他去做才做，而是自发去做；

（3）是否高频。不是偶尔，而是经常主动推荐。

必须同时满足这三个条件的人才是天使用户，由此判断，四个人里，只有一个人是真正的天使用户，他就是赵五。

Part 3 这四招，让天使用户干劲十足

怎么让天使用户有干劲，而且一直有干劲，这可是一门大学问，叫作天使激励。

有人说，那还不简单，就是多给钱呗。

那我问你，钱是一次给，还是分多次给？直接给现金呢，还是变成一次豪华游？

仔细想想，都是让人头疼的事。关于如何激励天使用户，特别是如何分钱，咱们还是拿牛××这个IP举例：

赵五是牛××的A级天使用户，以160元每盒的价格，拿了580盒牛××纤维素减肥棒，以400元的市场价格直播销售，每卖一盒，挣240元，这240元叫“分销佣金”。

李四看到赵五做牛××的天使用户有钱赚，也要加入，于是通过赵五推荐，交了5000元钱，成为牛××的B级天使用户，跟着赵五一起干。这时候，牛××为了奖励推荐，就从5000元里拿出1000元给赵五，这叫“推荐红包”，有的地方也叫“招商费”“推荐佣金”或者“加盟分佣”。

接下来，李四要卖货，只能从赵五那里“进货”，比如一次拿10盒牛××纤维棒，然后同样以400元的市场价在自己的直播间卖。李四卖的每盒产品赵五都会赚差价，这叫“批发差价”。

赵五因为能力强，团队业绩突出，很多人都来挖他。这时候牛××又祭出一个大招，答应把全年销售利润的30%做一个分红池，年底销售额前10名的天使用户，按照相应比例分这个池子里的钱，这叫“大盘分红”。

以上，我们用一个例子说明了天使用户分钱的四种主流方法，兼顾了长期和短期激励，也考虑到了人员裂变、团队关系等因素，四个方法分别是分销佣金、批发差价、大盘分红、推荐红包。

Part 4　想干，却不会干，怎么办

有动力，没能力，怎么办？

四个“给”，可以解决这个问题：给师傅、给工具、给方法、给内容。还是来举个例子：

李四成为牛××的天使用户时候，同时也加入了赵五的群，是赵五的徒弟。赵五很乐意成为李四的师傅，因为李四每次的销售都会和赵五有关，因此他手把手教李四，解答李四的各种问题。这叫“给师傅”。

比如，牛××开发了一个拼团工具，虽然有 SOP 的操作说明，但李四还是不会用，这时候赵五就会一步一步地演示给李四看，这叫“给工具”。再比如，每次李四介绍产品，客户总是稀里糊涂的，赵五就会拿出牛××下发的产品介绍 SOP 短视频，让他去看，这叫“给方法”。

李四想在朋友圈里发内容打造自己的 IP 人设，但是不知道发什么，也没什么素材，怎么办？他就去问赵五，赵五就把牛××这里提前做好的各种素材包提供给李四，李四把其中一条视频加工了下发到自己视频号上，当天就来了一个客户，这叫“给内容”。

四个“给”，先给配个好师傅，然后通过这位师傅，把提前做好的各种 SOP 文件提供给徒弟，并在实战中一对一地带领徒弟成长，只要徒弟有动力，不进步都难。

以上，我们从四个维度讨论了腰部 IP 如何通过搭建 IP 孵化器，为自己的天使用户赋能，把天使用户打造成有一定影响力的营销 IP，这四个维度分别是：

（1）IP 孵化器的三个版本；

（2）天使用户的挑选规则；

（3）天使用户的有效激励；

（4）天使用户的赋能方法。

“虎”动时刻

对那些不爱钱的天使用户，该怎么激励呢？或者有些产品，在某些场景里不适合用金钱激励，如何让天使用户有干劲呢？

扫码，听听虎哥怎么说。

第四节
内容裂变，内容中央厨房 2.0

昨天快下班的时候，虎哥的一个好朋友，茶人老五，一个典型的普洱茶腰部 IP，问了一个好问题：

自己粉丝没那么多时，如何获得更多精准用户？

这位专注云南易武普洱茶 30 多年的茶博士，有一个叫“老五普洱茶”的公众号和视频号，虽然没有大火，但是一直在持续输出内容。有一群和他一起喝茶很多年的茶友，看他的视频，读他的文章，有些茶友还是他的合作伙伴，也在卖他的普洱茶。

这个问题，不是个性问题，而是腰部 IP 的共同挑战，几乎是所有腰部 IP 都会遇到的问题：在粉丝不多的时候，如何获得更多精准用户？

答案是：内容中央厨房 2.0。

这一节，虎哥带领大家参考茶人老五的案例，用四步把原先内容中央厨房 1.0 版升级为 2.0 版，用精准内容的裂变，实现精准的客户裂变。

Part 1 从内容搬运工，升级到营销 IP

把原先的天使用户，从内容搬运工，升级为营销 IP。

举个例子，茶人老五建了一个天使群，叫作“一壶普洱”，把资深茶友都邀请进来。广州的龙哥就在群里，他在广州天河城附近开了一家茶室，主要卖茶人老五的普洱茶。茶人老五在“一壶普洱”的群里，会发一些茶叶的内容，他发什么内容，龙哥就把这些内容，原封不动地转发到自己的朋友圈。除此之外，他朋友圈不发其他任何东西。

最近，龙哥把朋友圈的封面换成自己喝茶的照片，并开始在朋友圈进行日更。除了发和普洱茶相关的内容，他还会晒自己做菜的图片。你会看到他在挥汗如雨地炒菜，孩子和老婆把锅里煲的汤，喝得就剩下渣渣。很多朋友圈里潜水的人，看到这些，都给他点赞评论。而且，在茶人老五的辅导下，龙哥最近还把自己微信昵称从一串符号，改成“爱做菜的茶人龙哥”，一个妥妥的有人设的 IP 名称。

以上，就是龙哥从内容搬运工到营销 IP 的改变。

内容中央厨房 1.0 版是腰部 IP 生产什么内容，天使用户就直接转发朋友圈。天使用户的朋友圈几乎都一模一样，没有自己的 IP 人设，就不会有精准用户。所以，我们对内容中央厨房做升级的第一步，就是打造天使用户的 IP 人设。

除了一些标准化的专业内容，腰部 IP 还要鼓励天使用户大量输出个性化的内容，输出自己情绪价值，把自己打造成一个有 IP 人设的营销 IP。当一个天使用户，在自己所属的社区、圈层里，能够通过持续输出内容，成为一个靠谱、专业且有调性的营销 IP 的时候，精准粉丝的数量，会成倍地增长。

Part 2 从图片 + 文字升级到短视频、直播

内容的裂变形式，要从简单的图片和文字，向效率更高的短视频、直播升级。不得不承认，一条客户认可的短视频，或者一次和客户的直播连

麦，效果好过 100 张产品图片加文字说明。

比如，之前如果新茶上市，茶人老五会把新茶的图片、促销信息做成一条图文，通过公众号进行推送，然后发到“一壶普洱”的微信群里。群里的茶友，收到这条链接，会直接转发朋友圈。

现在如果新茶上市，茶人老五会录一条一分钟左右的茶友品茶体验的视频发到群里。群里的茶友，会对这条视频用剪映 App 或者秒剪 App 等进行二次加工，然后发到自己的视频号、抖音、小红书，这样会有更多人看到，宣传效果比之前的图文要好很多。

同时，天使用户可以尝试和自己的客户在视频号进行连麦。比如广州“爱做菜的茶人龙哥”就经常邀请广州本地的茶友和他在视频号上连麦，一边喝着茶人老五的普洱茶，一边对茶叶的色泽、口感等进行细致入微的点评，卖了不少茶。

总之，要想内容获得较好的裂变效果，吸引更多的精准用户，就必须从之前的图片文字，向更高效的短视频和直播演变。这需要腰部 IP 对自己的天使用户进行培训和引导，让他们具备内容输出能力。

Part 3 从微信升级到小红书、抖音、快手

当腰部 IP 在微信生态这个大本营上扎下根之后，就可以带领自己的天使用户，对内容进行“一鱼多吃”，把同样的内容，稍加改动，在小红书、抖音、快手等 App 上进行扩散传播，在更多的公域流量里发掘私域流量。

比如，茶人老五天使群“一壶普洱”里的“爱做菜的茶人龙哥”，在群里看到老五发的茶叶短视频后，用剪映 App 做了处理，发到自己“龙哥普洱茶”的小红书账号上；群里来自西安的茶友老白，也对这条视频做了处理，发在“老白爱普洱”的抖音账号上。这些就是典型的“一鱼多吃”，天使用户把来自腰部 IP 的同一条内容素材，进行简单加工后，

在不同平台进行扩散，就能收获来自不同平台的粉丝。

微信生态的内容裂变，是腰部 IP 私域流量的基础，但是如果想进一步扩大流量入口，获得更多用户，就必须进行破圈，鼓励天使用户去其他新媒体平台进行精准内容的扩散。

Part 4 从一个内容中央厨房，升级到多个

请每一个天使用户都去建立一个自己的内容中央厨房。

做内容中央厨房的裂变，把一个变成 10 个甚至 100 个。天使用户的内容中央厨房，就用精简版，即做一个素材群即可。

打个比方，茶人老五的天使用户——广州的阿龙，可以做一个“茶友素材群”，把天使用户都邀请进来，这个茶友素材群，就是阿龙的内容中央厨房。阿龙可以把从茶人老五那里收集的茶叶图片、视频、直播链接发到这个群里，引导大家转发。同时，自己也可以生产一些更加垂直的内容，发到群里让大家传播。

说到这里，你应该非常清楚，如何通过四步把腰部 IP 内容中央厨房从 1.0 版本升级到 2.0 版了，而一旦腰部 IP 完成了这样的升级，也就意味着他拥有了内容裂变的能力，拥有了持续获得精准粉丝的能力，因此我们有必要记住上文提到的这四个升级：

① 从内容搬运工升级到营销 IP；

② 从“图片 + 文字”升级到短视频、直播……

③ 从微信升级到小红书、抖音、快手……

④ 从一个内容中央厨房升级到多个。

"虎"动时刻

关于内容裂变，关于内容中央厨房，你还有什么问题？

扫码，听听虎哥怎么说。

第五节
多卖 10 倍，IP 私域直播

腰部 IP 裂变的第一阶段，是天使用户的裂变，其表现就是许多天使用户被成功孵化成自带流量的营销 IP；第二阶段，是内容的裂变，其表现是抖音、视频号、小红书、微信等平台，到处可以看到这个腰部 IP 的相关内容。

最终，天使和内容的裂变，会演变成一场场的变现活动，腰部 IP 主导的社群，其变现能力会 10 倍甚至 100 倍地增长。这就是腰部 IP 裂变的第三个阶段——业绩的裂变。

而引爆腰部 IP 业绩裂变的，是一种将 IP、私域流量，还有直播形式完美融合的模式，这正是本节要讲的：

IP 私域直播。

Part 1　2022 年，网红公域直播走向没落

2022 年，网红直播模式开始全面走向没落。

先是淘宝、抖音、快手等平台千万级直播网红因为偷税、假货等问题跌落神坛。接着广州、杭州等孵化网红的 MCN 机构纷纷破产，导致各

种网红直播基地人去楼空。2022 年 6 月，抖音带货一哥罗永浩宣布退网，随后在“交个朋友”抖音直播间很少再看到他。

这种网红在公域流量的直播就是网红公域直播，这种直播模式在 2022 年初就随着一些大网红的陨落，逐渐式微。显然，腰部 IP 做网红公域直播没优势——因为腰部 IP 的核心流量是私域。

但直播，依然是高效的变现工具。

那么，本身就没有多少粉丝的腰部 IP，如何通过直播实现业绩上的 10 倍裂变呢?

我们来看一个案例：

Part 2 一战 102.7 亿，恐怖的 IP 私域直播

在网红公域直播模式日渐式微的大趋势下，2022 年，随着微信视频号直播功能的完善和企业微信群引流、变现技术的升级，一种基于私域流量的直播模式开始受到关注，这里不得不提及董明珠，她在 2020 年便成功开启了这种直播模式。

从 2020 年 6 月 17 日 22 时开始，到 6 月 19 日凌晨，董明珠携手线下 30000 多个格力电器代理商，利用代理商手里的社群——微信群、朋友圈、公众号等，做了一次直播，创下了 102.7 亿元的销售纪录，当时就在直播领域引发极大的震动。

其基本原理就是：董明珠做直播，30000 多个代理商，即天使用户，把各自微信上的私域流量引入董明珠直播间，并通过各种促销福利活动让粉丝下单。由于各个城市代理商的粉丝都和代理商绑定了关系，他们下单后就会有相应的销售提成打到对应代理商的账户上。

董明珠的这种模式，其实就是一个 IP 基于多个天使用户的私域流量，进行直播的模式，我们称为 IP 私域直播。

所谓 IP 私域直播有三点需要注意：

IP 私域直播一定是 IP 而非网红的直播。这样的 IP 颜值可能不高，表达甚至都不清楚，但肯定是专业的。

一定是在微信生态里，而不是在抖音、小红书、淘宝、知乎等其他 App 直播平台。为什么？因为不同平台的基因属性不一样，只有微信是利于高转化的。

IP 私域直播的流量一定是私域流量。直播间的私域流量，一部分来自腰部 IP，但更多的是来自天使用户的社群。天使用户越多，社群越多，进入直播间的私域流量就越大。

Part 3 如何执行一次 IP 私域直播

IP 私域直播，是每一个腰部 IP 都应该重视的裂变模式。几乎每一位腰部 IP，都会有自己的天使用户。IP 私域直播的本质，就是借助天使用户的力量实现高转化。

那么，如何执行一次 IP 私域直播呢？举个例子：

2022 年 1 月 27 日，为了给 2 月底虎帮的“高手 IP 训练营”线上项目招生，虎哥和韩亮老师做了一期“虎哥 & 亮师 IP 论”直播访谈，那一期的主题是“做 IP，你必须做对的 5 件事”。

当时我记得直播间在线人数不到 60 人，但是有 30 多位选择支持我们，也就是说单场直播的转化率超过了 50%。我们是怎么做的呢？

第一步：做了一个“IP 智囊团”，把一直支持虎哥和韩亮老师的朋友邀请进群。这些朋友有一个共同特点，本身对 IP 这件事有一定了解，周围也有很多朋友对 IP 打造感兴趣，每个人都是一个有影响力的腰部 IP。这样的朋友我们邀请了 20 位左右。

第二步：建立直播快闪群“127 直播群”。提前专门为这次活动招生，让虎帮的伙伴虎三娘做了一个直播群，仅仅“定向邀请”对这次直播话题感兴趣的人入群。当时我们用的是企业微信，只要有人进来，就会自动回复直播链接和高手 IP 训练营的介绍。

第三步：天使用户邀请人进群。“IP 智囊团”里的伙伴，都是虎哥和韩亮老师的天使用户，我们请天使用户把提前做好的直播海报，发到自己朋友圈里，用精准内容筛选出真正对 IP 打造感兴趣的朋友。

第四步：直播执行。1 月 27 日晚上，直播开始，主要针对“127 直播群”的伙伴进行。当时群里有 80 多个人，进入直播间的将近 60 人。我们发现一个很有意思的现象，有两位 10 年没见的老朋友竟然在我们直播间里相遇了，其中一位看到另外一位买了我们的“高手 IP 训练营”，他也毫不犹豫地直接下单，优惠券都没有用。

第五步：成交转化。我们在群里先发 300 元的优惠券，进入“127 直播群”的天使用户的朋友都可以在群里领取一张优惠券，然后在直播间下单，直播结束后，依然可以通过群里虎十果等虎帮工作人员的引导下单，同样可以享受 300 块的优惠。

以上是这次 IP 私域直播的全过程，大家可以参考。

简单复盘下这次 IP 私域直播，IP 是虎哥和韩亮老师，天使用户是“IP 智囊团”里的亲友，私域流量主要来自 20 多位天使用户的邀请。之所以能达到超过 50% 的转化率，核心原因就是直播间观众全部来自天使用户。

需要注意的是，IP 私域直播一般都会选择基于微信生态的 SaaS 系统自带的直播工具，这种第三方的工具更可控，操作也更灵活。带货可选有赞等 SaaS 直播工具，卖课可以选小鹅通等 SaaS 里的直播插件。

Part 4　卖 10 倍，腰部 IP 业绩裂变法宝

为什么 IP 私域直播是腰部 IP 业绩裂变的法宝，原因只有一个，在本质上，IP 私域直播是多个 IP 的能量爆发。这里的多个 IP，由腰部 IP 和天使用户共同组成。

在执行IP私域直播前，一个已经拿到结果的腰部IP，通过对自身IP变现之路的经验萃取，形成一套独特的IP打造SOP。并且把这套SOP，通过IP孵化器，赋能给自己精挑细选的天使用户，把这些天使用户成功孵化成为自带流量的本地腰部IP。

这样，当一个腰部IP在做IP私域直播时，就不是一个人在直播，而是带着许多腰部IP（及其所携带的精准流量）在一起做直播。于是，一个人的直播，就变成了多个腰部IP的共同直播。由此，产生10倍甚至100倍的销售业绩，也就再正常不过了。

基于IP、私域流量和直播模式的IP私域直播，是为腰部IP量身定制的业绩裂变模式，值得每一位腰部IP好好研究和深耕。

“虎”动时刻

为什么IP私域直播，是腰部IP业绩裂变法宝？

扫码，听听虎哥怎么说。

第八章

IP 展望——腰部力量，未来的希望

第一节
单点击穿，就能通神

腰部 IP，用户太少，不赚钱的；

腰部 IP，太垂直，行业过于细分，永远做不大；

腰部 IP，只能守着自己的一亩三分地，没法扩张；

腰部 IP，永远成不了头部 IP；

……

不知道你是否存在以上的想法，如果有，那么这一节，你一定要认真读完，因为，接下来的内容，会颠覆你之前的看法。

Part 1 单点击穿，就能通神

在 IP 打造这件事上，如果你真做到 1 毫米宽 10000 米深，就可以成为“神”一样的存在。

其中，有一种神，是垂直领域的天下第一。

比如“寿司之神”小野二郎，把辣椒炒肉一年卖出 100 万份的费大厨；都在某个细分赛道成为天下第一，成为这个行业公认的大神。然后服务最高端、最主流的客户，收获这个行业最丰厚的利润。

第二种神，是成为“跨界打劫”的“大神”，而所有的“跨界打劫”，都是底层迁移。不知道你有没有听说过司马贺。

在 20 多年前，我第一次听到这个人的时候，就被他“跨界打劫”的成就惊呆了。他原名赫伯特 · 亚历山大 · 西蒙（Herbert Alexander Simon），是 20 世纪科学界的一位“大神”，1975 年获得图灵奖，1978 年获得诺贝尔经济学奖。

他学识渊博、兴趣广泛，研究领域涉及经济学、政治学、管理学、社会学、心理学、运筹学、计算机科学、认知科学、人工智能等，并做出了创造性的贡献，在国际上获得了诸多特殊荣誉。

无独有偶，在商业领域，埃隆 · 马斯克在电动汽车、火箭发射、脑机接口、太阳能等十几个领域都出类拔萃。而在你身边，我想也不乏一通百通，人生到处“开挂”的“跨界打劫”的“大神”。

这样的“神”，其实有一个共同特点，就是把某种能力从一个领域底层迁移到另外许多领域。

一个腰部 IP，除了能在某个细分领域成为“大神”外，如果真的能做到单点击穿，就可以把单点击穿后获得的某种能力，在 10000 米深的地方进行底层迁移，对其他行业进行“跨界打劫”——在 10000 米深的地方“抄底”。

Part 2　少即多，腰部 IP 的倒 T 模型

为什么一个极致专注的腰部 IP 会获得这种“跨界打劫”的能力呢？其核心原因，还在于其独特的 1 毫米宽 10000 米深的腰部 IP 倒 T 模型，如图 8-1 所示。

由于资源的有限，腰部 IP 最好的策略，就是在某一个单点持续深耕，这样才能极度专注，做出专业的产品和服务，获得市场认可。如图 8-1 所示，当腰部 IP 在某一个细分赛道，挖得足够深的时候，他就会获得底层

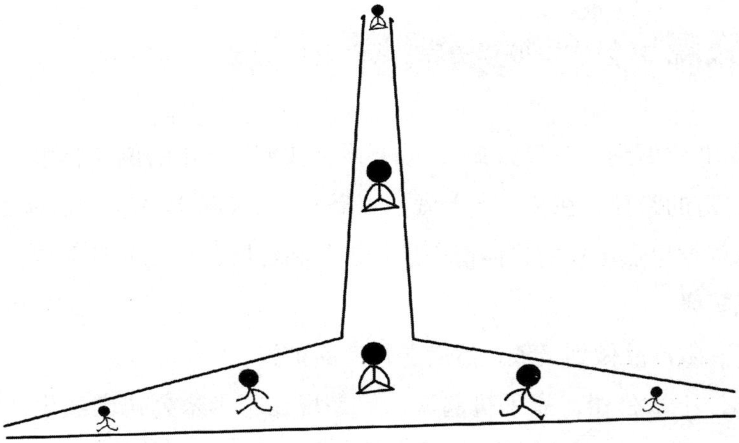

图 8–1　倒 T 模型

迁移的能力。

这种能力，在腰部 IP 的手里，就像一台威力巨大的挖掘机，在 10000 米深的地下，可以往左挖，也可以向右挖。而不管向左还是向右，都会把隧道上方的其他行业挖空，把其他行业从业者的“根”挖断。

这种底层迁移的能力：

可能是一种底层逻辑，比如物理学专业毕业的埃隆 · 马斯克用第一性原理的底层逻辑在各个商业领域叱咤风云；

可能是某种算法，比如张一鸣用抖音的算法，做了几百个 App，并把抖音的生意从中国扩张到美国、欧洲诸国；

还可能是一种思维模型，一种独特的学习方式，或者击穿某件事后的一种说不清道不明的“顿悟”。

总之，一旦一个腰部 IP，真的能做到 1 毫米宽 10000 米深，他就会获得这种底层迁移的能力。

Part 3 腰部 IP 如何实现“跨界打劫”？

腰部 IP 要做到“跨界打劫”，就要严格按照图 8-1 的倒 T 模型来规划设计 IP 打造的路径，在某一点上做到 1 毫米宽 10000 米深，然后在 10000 米的地方根据单点击穿的具体情况进行扩张和延展，常见的有五种：

产品扩张

先把一款产品做到极致，然后进行产品扩张。

比如，小米公司，靠手机起家，但是现在的小米公司已经生产电动车、手表、毛巾、加湿器等几千种产品，雷军在 2022 年还高调宣布开始造机器人和汽车。做好一款产品后，扩大产品种类，这叫产品扩张。

用户扩张

先单点击穿某一类特别垂直的小众用户，然后以这类用户为圆心，一圈圈地扩散，服务更多的用户。

比如，一些专业的跑步装备，其精准用户原来是像小 A 那样经常跑步，动不动就参加个马拉松比赛的专业级跑者。但是近几年来，一些专业的跑步厂商，开始把像小 D 一样偶尔跑步的人，也列为自己的精准用户。因为，小 D 希望自己看起来更专业一些，就像朋友圈里经常跑步的小 A 一样。

场景扩张

击穿一个场景，就能收获很多生意。

打个比方，到年底了，很多名人都做跨年演讲，有一家公司，原先是给这些名人做 PPT 的。后来他们发现，每次演讲现场来几千人，需要给来宾准备伴手礼，他们就把这个活儿接了。后来，他们又发现，现场互动的时候，需要制作一些线上抽奖、调查、互动的工具，他们又把这个活儿也接了。而这些生意，都是从名人演讲这一个场景扩张来的。

区域扩张

原先服务一个小区，现在扩张到几个小区。原先服务一个城市，现在产品、服务卖到全国，甚至全球。

最典型的就是疫情期间的各种不能开张的门店，比如 7-11 便利店，原先只是服务周边 1 公里左右的办公楼、小区。疫情期间，7-11 便利店也入驻美团外卖，使其原先周边 1 公里的服务半径，直接扩展到了一个城市。

行业扩张

把一个垂直行业击穿后，进行纵向上下游扩张，或者横向产业扩张。

举一个简单的例子，一家以四川火锅出名的连锁餐饮品牌，现在不但卖四川火锅，还卖潮州牛肉丸火锅，甚至还开了高档的粤菜馆，这叫横向的产业扩张。

最近，我在好几个大型超市和天猫店，都看到这家火锅店的火锅底料大卖。同时，他们还投资控股了生产火锅食材的公司，入股了制造火锅炊具的企业，这叫纵向上下游的扩张。

Part 4　无限游戏，无边界竞争

唯有单点击穿，才能无边界扩张。

在我看来，一个真正厉害的腰部 IP，当真正达到 10000 米深的深度之后，就会获得一种远超出用户、行业、场景、区域、产品的底层能力，进入一种无限游戏，进行无边界扩张。

这里我想提一个人，那就是美团的王兴。

在美团还远远没有今天这个体量的时候，美团就开始与整个互联网为敌，和当时的各个互联网行业巨头，展开无边界竞争。从餐饮行业，进入了在线票务、酒店、旅游、打车、租车、社区团购、金融、共享充电宝、共享单车等。

今天，美团几乎在每一个领域，都完胜当年该领域的“巨头”。

为什么呢?

因为，美团通过把外卖这一个单点击穿后，获得了一种“高频打低频”的绝对优势。在涉及生活的衣食住行四个方面，吃饭是最高频的。和打车、住店、看电影、旅行这些 App 相比，用户对美团 App 的黏度是最高的，依存度是最强的。

因此，王兴和美团，可以游刃有余地进入衣食住行任何感兴趣的行业。在“高频打低频”的底层能力面前，行业之间的边界，对他们来讲根本不存在。无限游戏的本质是底层能力的迁移。

窄门进，宽门出。

这正是腰部 IP 实现逆袭的精要所在，单点击穿，就能成“神”。下面这句话送给看到这里的你：

任何一件你能单点击穿的事情，都会为你打开一扇通往世界的大门。

“虎”动时刻

为什么说单点击穿，就能通“神”？谈谈你对这句话的理解。

扫码，听听虎哥怎么说。

第二节
腰部 IP 是一件伟大作品

如果你决定打造自己的腰部 IP，一定要把 IP 当成一件伟大作品来打造，因为，你是你自己最伟大的作品。

多年来，我一直拒绝服务那些想用 IP 短时间“改命”的人。

在没团队、没内容、没流量的时候，他们有的想一夜涨粉 100 万，有的想做一次直播就变现几百万元，还有的企业陷入困境，幻想两三个月就用 IP 起死回生。他们想把自己作为一个商品迅速变现。

这是做 IP 的大忌。

如果你真的想做 IP，特别是做一个“靠谱 + 专业 +X”的腰部 IP，那么你需要用打造伟大作品的心态来经营 IP。

Part 1　做 IP，就是完成一件伟大的作品

打造 IP，就是完成一件伟大作品的过程。这个过程是独一无二且不可复制的，你不必复制他人，IP 就是你自己。

之前参加一个茶会，一位极具古典美学气质的美女，问我如何做自己的 IP。她本人是画国画的，在抖音上做了一个账号解说山水画。曾经为

了涨粉，模仿抖音上的段子手讲过笑话；为了获得打赏，还在直播间里模仿那些穿“黑丝”的小姐姐跳过舞。当我问她为什么要这么做的时候，她说看到别人这样做能涨粉、能变现。

然而，打造 IP 并不是一个模仿别人的过程，而是一个活出自己，完成自己的过程。不知道你是否还记得第一章第三节提到的腰部 IP 的打造公式：

腰部 IP= 靠谱 + 专业 +X

这里的靠谱、专业，大家都容易理解，唯独 X，即 IP 调性让很多人理解起来比较费劲。其实，这个 X，就是一个 IP 能带给人的独特的情绪价值。

当我第一次见到那位美女时，她正在茶席上帮客人泡茶。她烧水、沏茶、分茶，举手投足，一句话都不说，会在房间里营造一种静怡、淡雅的独特场域，让人沉浸其中，这种独特的情绪体验，在座的人都能强烈感知到。在如今这样一个躁动的充满不确定的时代，这种让人安静的情绪价值，是极其稀缺的。

很难想象，她用短视频讲段子逗人笑，在直播间里跳舞是怎样的场景。正如 13 世纪伟大的波斯伊斯兰苏菲教派诗人鲁米的一首被广为流传的诗歌所说：

河水
深及你的膝盖
你却想要
喝他人水壶里的
一口水

在我看来，静怡、淡雅就是这位美女的 IP 调性，就是她向外输出的独特情绪价值。几十年来，她临摹的几万幅名家名作，画过不计其数的鸟兽鱼虫、梅兰竹菊、文人山水，这一点一滴，才有了她的这种独特 IP 调性。

做 IP，就是要做一件与众不同的美好作品。做 IP 的过程，就是完成自己这件独一无二的、不可复制的伟大作品的过程。

Part 2 对外，用腰部 IP 连接世界

如果能把腰部 IP 当成一件伟大作品来打造，你便可以打破自己的圈层，与一个更广阔的世界产生连接。与世界最好的连接方式，就是做出伟大作品。

一旦成为一个靠谱、专业且 X 的腰部 IP，很多人会主动找你连结。

不同行业、不同城市的人，会通过抖音、微信、小红书、某次直播、公开演讲，找到你，咨询你一些专业问题。比如衣服怎么穿，父母怎么照顾，医生怎么选，甚至西红柿炒鸡蛋怎么做才更好吃，或者只是单纯喜欢你的靠谱，你的独特调性……

这里面，会产生一些订单和商业上的变现。

更为重要的是，你突破了原有的朋友圈，了解到一个与你生活方式完全不同的人，一个千里之外的村落，一个在边境上的小镇，一座被遗忘的城市，一种完全不同的价值主张。

通过各种 App、社交工具、最前沿的技术手段，你打破了时间、空间的限制，在 IP 影响力能触达的疆域内伸展你的触角，采集你感兴趣的故事。与世界进行更为广泛而深入的互动，进行更紧密的联系。即使在无人问津的被人遗忘的角落，你的世界也不会孤寂，也能丰盛且多样。

从现实意义上讲，通过打造腰部 IP，你获得了和世界的深度连接，感知到了生命的丰富多彩，获得了多元价值观和选择上的多样性。单从这一点来讲，你的收获已经远在商业价值之外了。

Part 3 向内，用腰部 IP 安顿自己

把腰部 IP 当成一件伟大作品来打造，意味着你把自己全部的精力，都专注到一件事上。

当你在自己的专业上，向着“1 毫米宽 10000 米深”的方向日拱一卒，持续精进的时候，你会屏蔽掉微博的热点事件，会刻意回避一些酒局、牌局，你的世界会越来越安静，越来越安定。

与此同时，当你在一件事情、一个产品、一个细分赛道足够深入的时候，你会获得某种洞见，或者一套独特的人生哲学。

这样的智慧，让你在商业上获得成功，也让你内心感觉到充盈和平静。当你对内“安顿了自己”，就达到了“戒定慧”的境界。

在名利之外，在世俗成功之上。

对外，与更为广阔的世界产生连接和互动；对内，安顿自己，获得内心的充盈和平静。这是把腰部 IP 当成一件伟大作品打造的时候，命运对我们的丰厚馈赠。

Part 4 因为传统，所以稳定

当代独立思想家，《物演通论》的作者王东岳先生认为：越先进越振荡，越传统越稳定。比如，游戏公司的一款游戏可能一个月就会过时，但是云南易武卖普洱茶的张老板，可能卖一辈子普洱茶都没问题。

大部分腰部 IP，都是传统的“手艺人”，貌似在做落后的赶不上时代的种地、捕鱼、打铁、看病、打官司等工种。但是，传统才稳定，稳定才长久。疫情来了，你可以不再去抖音看小姐姐跳舞，不再去快手直播间听老铁讲段子，但却不能不吃饭、不去“买点大白菜囤着”。

从这个角度出发，做腰部 IP，虽然不能一夜暴富，但却可以穿越不

同平台，跨越不同周期。因此，不管未来是AI当道也好，是WEB 3.0也好，是元宇宙和脑机接口也好，只要这个世界上还有人类存在，只要人类还需要基本的衣食住行，人，就是交易的入口。

这句话，不会过时。这里的人，就是那些有“手艺”的腰部IP。

成千上万个靠谱、专业且有调性的腰部IP不会过时，他们会在纷繁多变的未来世界里，在各种技术工具的加持下，不断放大自己的影响力，在某个垂直领域稳稳地占有自己的一席之地。

这是因为，他们的“手艺”很传统，传统到几十年，甚至上百年来一直被需要。然而，也正是因为传统，所以稳定，所以长久。

这是能让腰部IP安心的地方，也是腰部IP的安身立命之本。

“虎”动时刻

为什么一定要把腰部IP当成一件伟大作品来打造?

扫码，听听虎哥怎么说。

第三节
IP 驾临，好好“做人”

疫情期间，当禁止堂食的消息传来后，公司附近几乎所有的餐馆都停止了往日的繁华，除了一家叫三泉冷面的店。

正当大家不知道去哪里吃饭的时候，“三泉冷面福利群”的泉小侠，在群里发红包，给大家送福利，抢到最大红包的那个人，直接免单。除了周三免单活动外，在那个福利群里，周一可享受 3 公里内免配送费，周五抽盲盒送点餐优惠券。

我是怎么知道这些的呢？我是被隔壁公司的老 K 拉进群的，同时在群里还碰到了公司的同事小 C，我们都领了泉小侠的福利，准备下单点外卖。

这是最坏的时代，也是最好的时代。

对于那些已经用腰部 IP，获得私域流量，搭建了自己护城河的个人和企业来讲，这就是最好的时代。

Part1 所有红利，都在向腰部 IP 倾斜

2022 年 3 月 27 日的《新闻联播》发布了一条新闻，这条新闻的主题是——让亿万人民共享互联网发展成果。

这条新闻还特别举了一个例子，连云港海边小村的村民用直播的方式把水晶卖到了英国。

这条新闻发布不久，快手、抖音、小红书、淘宝等平台，就加强了对头部 IP 的规范管理，开始对直播规则、短视频内容、流量算法，进行全面调整。此后，许多头部 IP、明星艺人，因为税收问题、假货问题、个人私生活问题，有的被相关部门约谈，有的停播好几个月，有的从此杳无音信。

而与此同时，你会发现，在各大 App 平台上，会越来越多地刷到四川广元一个卖柑橘的果农、江苏徐州一条老街上卖牛头肉的大姐、义乌卖飞机模型的小姐姐……很明显，平台正在主动地为这些手艺人，各个垂直领域的腰部 IP 导流。

此外，这几年，地方政府、各商业协会、行会，也都搞起直播间，搞起 IP 孵化基地，搞起各种抖音培训班、IP 训练营、电商云课堂，为本地、本社区、本行业的腰部 IP 赋能。

这一切的一切，向我们传递着一个强烈的信号：所有行业的红利，都在向腰部 IP 倾斜。

Part 2 IP 笃定感，来自大尺度时空观

5000 年来，在中国历史上没有哪一个朝代的人，能拥有今天这样的影响力，一个人一句话，几秒钟就可以让几千几万个人看到；没有哪一个时代的人，能拥有今天这般富足的生活；未来 30 年，到 21 世纪中叶，伴随着中华民族的伟大复兴，一个充满机遇和挑战的“大航海时代”即将到来。这个“大航海时代”的显著特征，就是成千上万个腰部 IP 的崛起。

各行各业的腰部 IP：律师、果农、医生、手艺人、心理学家、护士……通过互联网以及 AI、VR 等技术的加持，打破时间和空间的限制，与更为广大的世界产生连接，把自己的服务、产品卖给千里之外的异国他

乡的人。

那将是千帆竞发、无比壮阔的伟大时代，中华民族将实现伟大复兴，无数个腰部 IP，将会随着国运的升腾而崛起，会见证这一波澜壮阔的时代的到来。

“喜看稻菽千重浪，遍地英雄下夕烟。”说的就是这样的盛世景象吧！一个全新的 IP 时代正在驾临。

IP 驾临，好好“做人”。做好自己的 IP，才能在这百年未有之大变局中抓住时代的脉搏，在民族伟大复兴的历史进程中收获盛世红利。

Part 3 IP 驾临，好好“做人”

那么，在 IP 驾临的时代，如何才能好好“做人”，做好自己的 IP 呢？

三句话：

一定要有安身立命的“手艺”；

一定要义无反顾地拥抱新科技；

一定要顺势而为。

安身立命的“手艺”，是指腰部 IP 的专业度。

不管你的专业是什么，是做一款产品，还是提供某项服务，只要足够专业，就能通过各种最新的传播手段，在网上被迅速放大。一个快手的账号叫作“江苏小苹果”，来自江苏的果农陈厚武，一手拿着剪刀“咔嚓咔嚓”地对一棵苹果树进行修剪，一边告诉你怎么做才能挂果多。他的“苹果树全年植保方案”课程售价 99 元，截至 2022 年 11 月 24 日卖了 7700 份。

想空手套白狼，利用信息差赚大钱的时代已经一去不复返了，与其成为信息掮客，不如成为一个“手艺人”。

义无反顾地拥抱新科技，是指尽可能多地了解新科技。有时候，可能一条信息，就会影响你的一生。

比如，2022 年很多人在亦庄开发区体验完百度 Apollo 无人驾驶汽车后，都在朋友圈惊呼“以后真的不需要学开车了”。未来 5~10 年，AI 无人驾驶技术，会取代大部分司机的工作。

如果你知道这些，可能就不会再去选择出租车司机这份工作了。

顺势而为的“势”，就是国家意志。

2021 年 7 月 24 日，国家相关机构发布了双减政策，为中小学生减负。新东方作为国内最知名的上市的“补课机构”，立即响应国家号召，退学费 200 亿，为此他们的市值缩水了 90%。与此同时，把各个停课学校课桌椅捐赠给山区里的希望小学，其做法获得了社会的高度认可。

接下来，俞敏洪带领新东方剩下的老师，在抖音上做起了“东方甄选”，帮助农民带货，助力解决三农问题，帮助广大农民朋友走向“共同富裕”之路。接下来的事情大家都知道了，2022 年 6 月，“东方甄选”因为董宇辉爆火，由此带动了“东方甄选”直播间的销量，进而把新东方的股价又提升了差不多 200 亿。

这真是“爱出者爱返，福往者福来”。

什么是顺势而为，俞敏洪和他的新东方逆袭的故事给我们做了精彩阐释。除了刷抖音，《新闻联播》也多看看，了解体现国家意志的大政方针有利于我们顺势而为。

Part 4 腰部力量，未来的希望

《中国人民共和国国民经济和社会发展第十四个五年计划和 2035 年远景目标纲要》提出，展望 2035 年，中国将基本实现社会主义现代化。体现在民生福祉方面，努力创造人均 GDP 达到中等发达国家水平，中产阶级体量显著扩大，实现共同富裕。

成千上万腰部 IP 的崛起，全助力共同富裕。这些腰部 IP 是潜藏在这个国家每一个角落，各个行业里有待被看见的手艺人。而正是因为这些腰

部 IP 的崛起，一个民族、一个国家，才会真正有力量，我们才能真正实现国富民强。因此，可以说：

腰部的力量，才是未来的希望。

在国家和民族迈向繁荣昌盛的伟大复兴之路上，个人的命运也在这巨大的洪流中被裹挟、升腾。数以亿计的中国中产阶层必然崛起，意味着无数各行各业的腰部 IP，在未来的 5~10 年将会诞生。个人将搭载国家这条大船，一同出海，一同乘风破浪。

千帆竞发、IP 驾临的时代，在各种高科技设备、互联网技术的加持下，在国家大政方针的指引下，在各个地方政府的扶持下，腰部的力量一定会爆发。各行各业成千上万个腰部 IP 将会活跃在微信、抖音、小红书、淘宝里，出现在未来的 VR 虚拟设备、元宇宙、WEB 3.0、区块链里。

让我们一起相信：

腰部力量，才是未来的希望。

所有的红利，正在向腰部 IP 倾斜。

IP 驾临，好好“做”人。

让我们一起欢迎这样一个时代的到来。

“虎”动时刻

为什么说，现在，甚至未来 10 至 20 年，所有的红利，都在向腰部 IP 倾斜？谈谈你的看法。

扫码，听听虎哥怎么说。

尾 声

IP 即修行，红尘即道场

6 点 31 分，东方既白。

此刻，在一个寒冬的黎明，像往常一样，我在窗前的键盘上，敲击这些文字。当你看到这些文字时，一个结束正在到来，一个开始才刚刚开始。

你即将结束对《腰部 IP》的阅读，但关于 IP 的修行才刚刚开始。

合上这本书，有一句话和你共勉：

IP 即修行，红尘即道场。

今天的世界已经大不同，每个人的体内都潜藏着我们的先辈曾渴望的力量——改变自己命运甚至影响世界的力量。如今，一部手机在手，你可以让世界听到你的歌。这种每个人体内潜藏的力量，来自我们的天赋，同时也来自科技的发展，来自国运的升腾，更来自时代红利的加持。

如何才能拥有，并善用你体内蕴藏的这种洪荒之力?

成为 IP，或成就 IP。

然而，不管是成为 IP，还是成就 IP，都不是一次轻松的旅行，而是一场难而正确的修行。

这样的 IP 修行，不是一蹴而就，而是持续迭代、永远未完成的。这意味着我们需要在 IP 定位、IP 矩阵、IP 内容、IP 流量、IP 变现、IP 裂变这六项修炼上日拱一卒、持续精进。

对于 IP 定位，无论风吹浪打，还是洪水滔天，你都需要修炼 1 毫米宽 10000 米深的战略定力；

对于 IP 矩阵，你需要用一场一场的战斗，锻造召之即来、来之能战、战之能胜的“空中力量”；

对于 IP 内容，你要不断修正内容的精准度，对内容中央厨房的放大效果进行持续优化；

对于 IP 流量，仅仅把注意力放在流量的获取上是远远不够的，私域流量池的精准运营，是你最该进行的修炼；

对于 IP 变现，你需要解决的产品问题不止一个，而是直面一个真实的挑战；

对于 IP 裂变，始终依靠那些你最可靠的朋友，要知道，天使用户才是你撬动世界的支点。

这样的 IP 修行，不会在第一个 30 天完成，甚至不会在第一个 300 天完成。但是，让我们开始吧。因为，这是正确的事情。

正确的事大多不轻松，大多需要修行。

IP 即修行，而修行的道场，不在别处，正在红尘的试炼中。

这种试炼，可能是你直播间个位数的观众人数，可能是日更短视频 100 期后令人绝望的播放量，可能是公司即将断裂的现金流，可能是你堆积在仓库里的无人问津的货品……

这时候，该如何回应那些试炼，穿越迷雾重重的至暗时刻？

我相信，信念是一种无坚不摧的力量。

你要始终相信：

人，是交易的入口；

IP，是你最深的护城河；

所有行业的红利，都在向腰部 IP 倾斜。

我们的力量，在人生的至暗时刻，不来自向外求索，而来自向内发掘。唯有重新发掘那些你坚信不疑的信念，才能让你在绝望中学会忍耐，在黑暗中看到光明，在无力时保持坚韧。

坚守 IP 信念，会让我们重新获得力量，重新变得坚毅而果决。

在这条难而正确的 IP 修行之路上，当我们经历红尘之中的各种试炼时，要让每一个人都知道，不管他支持我们还是非议我们，我们将直面任何挑战，付出任何代价，忍受任何痛苦，连接任何朋友，击溃任何敌人，以进行 IP 的修行。

IP 即修行，红尘即道场。

无论如何，我的 IP 修行之路已经开始，你呢?

最好的开始不是准备好，而是现在。

在成为 IP、成就 IP 的路上，一起共勉。

留一个微信，有什么问题，微信聊。